Latein ist fein

Mit Lückentexten, Quizfragen
und Grammatikübungen
spielerisch Latein lernen

Maya Brack

Lektorat und Korrektorat: Oliver Erhorn
Umschlaggestaltung: Denise Gahn
Layout & Gestaltung: Annabel Reinmann

ISBN Print: 978-3-910258-20-4

www.verlagshaus-stopfer.de

Vorwort

Salvete discipuli discipulaeque, mihi nomen est Lateinistfein.

Omnibus, qui aeque atque ego linguam Latinam ament, hunc librum dedico. Errare humanum est, sed quod in iuventute non discitur, in matura aetate nescitur.

Omne initium difficile est et solum exercitatio artem parat. Prudentia potentia est...

-M

Seid gegrüßt Schüler und Schülerinnen, mein Name ist Lateinistfein.

Ich widme dieses Buch allen, die Latein genau so lieben wie ich.

Irren ist menschlich, aber was man in der Jugend nicht lernt, lernt man im Alter niemals.

Aller Anfang ist schwer und nur Übung macht den Meister.

Vorstellung

Du fragst dich sicherlich, wer hinter dem Autor steckt. Lass mich dir ein wenig von meiner Person erzählen...Schon früh entdeckte ich meine Leidenschaft für die Geschichte, besonders den einzelnen Völkern und Sprachen der Vergangenheit. Als kleines Kind fing ich an, Hieroglyphen zu entziffern und war fasziniert von den Pyramiden im alten Ägypten. In unserem kleinen Garten ging es dann auf Schatzsuche mit dem Ziel, Gold zu finden. Meine kleinen Hände gruben sich durch die Erde und Gräser auf der Suche nach wertvollen Überresten. So erzählt mir meine Mutter noch heute, dass ich eine geborene Archäologin bin.

Auf der weiterführenden Schule durfte ich mich zwischen den Fächern Spanisch, Französisch und Latein entscheiden. Natürlich entschied ich mich für Latein. Man stelle sich einen großen Baum vor, dessen Krone aus Blättern weit in den Himmel ragt. Die Quelle des Baums bildet die Wurzel, da sie fest im Boden verankert den Ursprung des Ganzen bildet. Latein ist für mich der Ursprung der Sprachen, „die Mutter". Aus dieser entspringen viele andere europäische Sprachen, vergleichbar mit den Ästen eines Baumes.

Und hier haben wir das Erste was mich motiviert hat, diese Sprache zu erlernen. Das Lernen anderer romanischer Sprachen wie italienisch, französisch und spanisch wird durch die Grundkenntnisse von Latein deutlich einfacher. Schnell habe ich gemerkt, wie interessant das Leben und die Politik im antiken Rom war und dass wir Vieles in die heutige Zeit übernommen haben. In der Oberstufe wählte ich das Fach dann als Leistungskurs und bereitete mich intensiv auf mein Abitur vor, welches ich leider in der Corona-Anfangsphase im Jahr 2020 absolviert habe. Nach dem Schulabgang wandte ich mich beruflich einer ganz anderen Richtung zu, der Medizin, und entdeckte dort eine weitere Leidenschaft. Nach zwei ganzen Jahren kam mir spontan der Gedanke auf, im Internet auf Latein aufmerksam zu machen und veröffentlichte lustige kurze Videos auf der Plattform Tiktok unter dem Synonym „Lateinistfein".

Zu meiner Überraschung, teilten eine Vielzahl an jungen Menschen mein Interesse aber haben auch die Schwierigkeiten erfahren dürfen, welche Latein mitsichbringt. Wir alle haben schon die lustigsten Fehler bei den Übersetzungen von unseren Mitschülern gehört oder waren selber diejenigen, die sich mit ihren falschen Übersetzungen blamiert haben. Unter meinen Freunden scherzten wir oft, dass ich mit meinem „Freestyle-Latein" nur wahnsinnig Glück habe, gute Noten zu schreiben. Und tatsächlich verlasse ich mich bei allen Übersetzungen sehr auf mein Bauchgefühl und schaffe es, viel allein durch den Sinn herauszuholen. Aber bei Dichtern wie Vergil stieß auch ich an meine Grenzen. Egal wie gut dein „Freestyle-Latein" ist, ohne die Beherrschung der Grammatik kommst du nicht immer voran.

Genug zu dem Vorwort. Fangen wir an! Vale!

Inhalt

Kapitel I

Kapitel II

Kapitel III

Kapitel IV

Kapitel V

Kapitel VI

Cena

Mahlzeit

Ein lateinischer Satz ist wie ein Gericht, eine ausgewogene Mahlzeit mit allen wichtigen Nährstoffen, welche unser Körper für das Aufrechterhalten sämtlicher Funktionen benötigt. Jede Zutat im Kochtopf ist also bildlich gesprochen gleichzusetzen mit einem Satzteil unseres lateinischen Textes. Es gibt bestimmte Gewürze und Grundlebensmittel, welche beim Kochen fast immer verwendet werden wie Salz, Pfeffer, Mehl, Milch, Eier oder Zucker.

Im Lateinischen sind das unsere grammatikalischen Grundbausteine. Dazu gehören vor allem **Subjekt, Prädikat, Akkusativ- und Dativobjekt.** Die Quintessenz bildet aber das **Prädikat**. Wenn wir wissen, was geschieht, können wir uns den Rest oft dazudenken. Verdeutlichen wir diese Theorie doch mal an einem Beispiel: Wir übersetzen einen kniffligen lateinischen Satz und erkennen leider nur die Vokabel *„ludunt"* – sie spielen. Die Kunst ist, anhand des Prädikats zumindest einen möglichen Ausgang des vor uns liegenden Satzes erschließen zu können. Mit dem Verb spielen assoziert mein Gehirn in erster Linie Kinder. Darüber hinaus könnte man theoretisch auch an Computerspiele denken. Diese Option können wir jedoch ausschließen, da im alten Rom keine Gaming-Marathons stattgefunden haben.

Mit einer gewissen Erwartung, worum sich die Übersetzung eigentlich dreht, begeben wir uns als zweites auf die Suche nach dem Subjekt, nach dem Täter der Handlung. Wer spielt überhaupt? Eine gute Kenntnis der Endungen ist hierbei gefragt. Es handelt sich beim Subjekt nämlich um den Kasus (Fall) Nominativ, die Grundform des Nomens. Zu beachten ist, dass unser Subjekt im Singular oder Plural stehen kann und sich diese beiden Formen in der Endung natürlich voneinander unterscheiden. Amicus ist der Freund, Amici sind die Freunde. Logischerweise muss das Prädikat auch mit der Anzahl der Personen übereinstimmen und steht dementsprechend passend zum Subjekt in der ersten, zweiten oder dritten Person im Singular oder Plural. Einfacher ausgedrückt - wie auch im Deutschen - in der ich, du, er/sie/es, wir, ihr, sie -Form. Für die Personalendungen o s t mus tis nt hilft der Merkspruch „nach Osten muss tise (diese) Ente", wie „he she it das s muss mit" für das Englische.

Zwei der Hauptzutaten unseres „Römereintopfs" haben wir beisammen und können uns jetzt dem Rest widmen. Ein Satz aus Prädikat und Subjekt ist oft nämlich nur die halbe Miete. Uns fehlen die Zusatzinformationen, die Details, welche unsere Sätze ausschmücken. Zur Beantwortung all unserer neugierigen Fragen reichen uns Subjekt und Prädikat nicht aus. Auf die Frage „wen oder was" liefert ein **Akkusativobjekt** die Antwort, auf die Frage „wem" ein **Dativobjekt**, im Lateinischen beide an ihren Endungen erkennbar. Wie der Name schon verrät, steht ersteres im Akkusativ und das folgende im - naja ihr wisst schon. Die Römer waren auch besonders kreativ und verwendeten einen zusätzlichen Kasus, **den Ablativ**. Für mich ist der Ablativ ein Phänomen für sich allein, aber gleichzeitig auch, wenn man das so sagen

darf, mein „Lieblingskasus". *Ist die Endung lang, ist der Ablativ dran*: Die Ablativform endet im Singular fast immer auf einem **langgezogenen Vokal** wie bei *amica(aa)* oder *amico(oo)*. Da uns in der Schule leider nur Steine in den Weg gelegt werden, sind langgezogene Vokale am Ende des Wortes auf Abiturniveau normalerweise nicht mehr mit einem Strich drüber als lange Silbe markiert, weshalb ein Ablativ mit anderen Formen, zum Beispiel Nominativ *(amica)* oder Dativ *(amico)* verwechselt werden kann. Verwechslungsgefahren gibt es im Lateinischen viele. Cavete! Die Endungen -is und -ibus können beispielsweise Dativ und Ablativ Plural sein. Verwirrend, oder?
Ich persönlich war schon immer ein großer Anhänger des Ausschlussverfahrens. Wenn ich zwei Wörter vor mir liegen habe, die aufgrund der Endung den gleichen Kasus haben könnten, verlasse ich mich auf den Sinn und die Bedeutung der Wörter. Wie vorhin angesprochen, ist das Prädikat die Hauptinformation, mit der wir beim Ausschlussverfahren arbeiten können. Welches der zwei Wörter passt also vom Sinn her besser zu unserer Handlung? Der Satz *„amica Roma cessit"* beispielsweise könnte übersetzt werden als „Die Freundin verließ Rom" oder „Rom verließ die Freundin", je nachdem, welches „-a" man als Nominativ und welches man als Ablativ interpretiert.

Bei Zeitmangel in Klausuren ist es von Vorteil, lieber einen Satz nur nach dem Sinn zu formen, als das Blatt leer abzugeben. Die Lehrer*innen arbeiten bei ihren Abzügen in kleinen Schritten, für einen Numerus-Fehler (Singular und Plural vertauscht) zum Beispiel gibt es oft nur einen halben Punkt Abzug. Spätestens bei Dichtern wie zum Beispiel Vergil, die freier mit der Sprache umgehen als Prosaschriftsteller wie zum Beispiel Caesar, ist nur die Kenntnis der Grammatik nicht ausreichend, um fehlerfrei zu übersetzen. Bis zu diesem Punkt, nach all den Jahren Latein, sollte im besten Falle schon ein gewisses Sprachgefühl vorhanden sein.
Ich empfehle jedem Schüler, sich außerdem in die Materie einzulesen. Genauso wie wir heute in der Musik sich wiederholende Muster finden, finden wir auch in den Texten ein und desselben Dichters sich stets wiederholende Muster. Gewisse Stilmittel werden im Abstand von nur wenigen Versen häufig mehrmals gebraucht und manche Ausdrücke oder Phrasen werden oft einfach wiederverwendet.

Alle für die Schule relevanten Werke sind übersetzt im Handel erhältlich und für diejenigen von euch, für die Latein keinen Cent wert ist, bestimmt auch in der Bücherei auszuleihen. Dies kann euch nicht nur bei den Hausaufgaben helfen, sondern euch auch auf alle Texte vorbereiten, die euer Lehrer vielleicht für die Klausur aussucht. Dabei geht es nicht darum, die Texte schonmal stupide auswendig zu lernen, ihr solltet euch einfach ein Hintergrundwissen aneignen, um in einer Prüfung nicht komplett vom Thema überrascht zu werden. Dies gilt genauso für die politischen Geschehnisse zu Zeiten des Dichters.

Römantisieren

Woher bekomme ich dann die Motivation, mich in meiner Freizeit mit Latein zu beschäftigen und kann dies nutzen, um bessere Noten zu erzielen? Unangenehme oder motivationsraubende Dinge zu romantisieren wird in letzter Zeit immermehr zum Trend. Oft sehe ich auf der Plattform Tiktok Videos, die Schüler durch das Erreichen einer bestimmten „Ästhetik" für den Unterricht motivieren sollen.

Auch ich schwimme mit dem Strom und verrate euch, wie ihr Latein romantisieren könnt. Im Lateinunterricht geht es überwiegend um die Themen Politik und Philospohie in der römischen Geschichte, aber auch um fantasievollere Geschichten aus dem Bereich der Mythologie. Entscheide dich, was dich besonders anspricht und schaue in der Buchhandlung oder der Bibliothek vorbei. Zu meinen persönlichen Empfehlungen gehören die mythisch-griechischen Bestseller von Madeline Miller und die politischen Thriller von Robert Harris. Zwar weiß ich, dass Lesen in der heutigen Generation nicht mehr angesagt ist, aber da du gerade diesen Satz liest, muss ja eine gewisse Bereitschaft zum Lesen vorhanden sein. Lesen tut nicht nur unserem Gemüt gut, es verbessert auch unsere Sprachfähigkeiten, gibt uns neue Anreize und lässt uns auch in gewisser Weise intelligenter fühlen. Die ständige Herumtipperei am Handy und das nutzlose Rumwischen ist am Ende des Tages Zeitvergeudung und kann auch besser genutzt werden, so empfinde ich es zumindest. Und wenn du kein Fan vom Lesen bist, halte Ausschau nach Serien und Filmen! Auch wenn es um die griechische Geschichte geht, sind dort viele Parallelen zu finden. Wer die Einsamkeit meiden möchte, sollte sich mit seinen Freunden auf ein „Römerfrühstück" oder zum Abendessen treffen. Die Römer philosophierten und diskutierten auch gerne beisammen am Tisch. Also schnapp dir deinen Einkaufswagen und nehme mit: Weintrauben, Hülsenfrüchte, Feldsalat, Kraut und Radieschen. Das Essen der Römer sah in Hinblick auf Fleisch eher mager aus. Trotzdem reichte das ganze Gemüse aus, um die Männer für den Kampf auszustatten. Auch ihr werdet mit ein bisschen Grünzeug den Kampf, eure Lateinhausaufgaben, durchstehen können.

Fames est optimus coquus („Hunger ist der beste Koch").

Genauso beliebt waren Ausflüge zu den *thermae*, in denen sich die Bürger verwöhnen ließen, heutzutage vergleichbar mit Freizeitbädern oder wortwörtlich Erholungsthermen. Oder aber der Besuch von Theater, Wagenrennen und Gladiatorenkämpfen, denn schaulustig waren sie nun alle.Mein Punkt ist, versuche alles Mögliche, um dir das Fach Latein oder die Sprache an sich so attraktiv wie möglich zu gestalten, damit dir das Lernen nicht zur Qual wird. In der Gemeinschaft werden die Motivation und der Ehrgeiz geweckt, in der Einsamkeit dein eigener Tatendrang gefordert. Der Moment, in dem du dich an deinen Schreibtisch setzt, entscheidet über das Ergebnis. Niemand kann dir die Arbeiten, welche auf dich in diesem Prozess zukommen werden, abnehmen. Die Umstehenden können jediglich Unterstützung leisten und Anreize schaffen.

Auf dem Forum

Ein leichter Einstieg

Aurelius führt einen Bekannten namens Titus, der nach Jahren wieder aus Sizilien angereist ist, durch das Forum Romanum. Später an diesem Tag soll auf der neuen Rednerbühne eine wichtige politische Rede gehalten werden.

Aurelius: "________ (Salve) mein lieber Titus, wie war die Reise ___________ (Romam)?

"Titus: „Grüß dich, mein _________ (amice). Wie schön ist es, dich ___________ (tandem) wiederzusehen. Die __________ (iter) war wie immer ____________ (longum), aber dennoch angenehm."

Aurelius: „Lass uns gleich beginnen! Wir haben nicht mehr viel __________ (temporis) bis es hier richtig los geht." Titus: „Meinst du __________ (orationis causa)?"

Aurelius: „________________ (Ita est). Die Rede findet am frühen Nachmittag statt, wenn die __________ (sol) ihren höchsten Punkt erreicht hat. Bei so vielen __________ (homines) wird es schwierig, einen guten ___________ (locum) zu ergattern."

Titus: „Schön wäre es, den Redner aus der Nähe ____________ (videre) zu können. Oft _________ (audiuntur) man in der letzten Reihe nur die _____________ (exclamationes)."

Aurelius: „Wenn wir gerade dabei sind, hast du schon die neue __________________ (rostra) gesehen?"

Aufgabe:
Versuche die Konversation zwischen Aurelius und Titus zu vervollständigen.
Die lateinischen Übersetzungen zum gesuchten Wort stehen nach den Lücken in Klammern.

Zum Auffrischen

Deklinationen

Was für´n Ding?

Vorab: Bevor wir mit den Deklinationen beginnen, sollten wir uns nochmal mit der Verwendung der verschiedenen Fälle auseinandersetzen. Jeder Fall hat eine bestimmte Funktion im Satz. Es gibt fünf wesentliche Fälle:

1. **Nominativ:** Der Nominativ wird als Grundform bezeichnet. Im Lateinischen sowie im Deutschen wird der Nominativ für das Subjekt des Satzes verwendet und beantwortet die Frage „wer?".

2. **Genitiv:** Der Genitiv beantwortet die Frage „wessen?" und stellt einen Bezug her (z.B. Das Schriftstück des Richters).

3. **Dativ:** Auch aus dem Deutschen bekannt, beantwortet er die Fragen „wem?" und „für wen?" (Die Geldbörse gehört dem Herrn).

4. **Akkusativ:** Sagt euch Akkusativobjekt etwas? Ein Akkusativobjekt wird verwendet, um die Frage „wen?" zu beantworten (z.B. der Richter verurteilt den Angeklagten).

5. **Ablativ:** Der Ablativ ist eine Besonderheit des Lateinischen und beantwortet mehrere Fragen wie zum Beispiel „womit?", „wo?", „wodurch" und „wann?".

Tipp: Es gibt bestimmte Präpositionen, die immer mit einem bestimmten Kasus stehen. Beim Ablativ sind dies beispielsweise die Präpositionen cum, a, ab, ex, de...Ad, inter, apud, intra stehen beim Akkusativ.

Aufgepasst – der Vokativ

Im Lateinischen gibt es einen weiteren Kasus, den wir im Deutschen so in dieser Form nicht wiederfinden. Man benutzt ihn als Anredeform, wenn man eine Person direkt anspricht.
In den meisten Deklinationsklassen gleicht er aber dem Nominativ, weshalb ich ihm nicht allzu viel Beachtung schenken möchte. Allerdings gibt es eine wichtige Ausnahme:
In der o-Deklination wird das -us zu -e und -ius zu -i. **Beispiele:** *Quid agis, Flavia?* (Wie geht es dir, Flavia?), *Quid agis, Magne?* (Wie geht es dir, Magnus?), *Quid agis, Luci?* (Wie geht es dir, Lucius?)

Im Lateinischen bestehen die Nomina aus einem Stamm. An dem Stamm hängt dann eine Endung, die sich je nach dem jeweiligen Kasus (Fall) unterscheiden kann.

Auch im Deutschen deklinieren wir: Wenn wir über eine Sache sprechen, wenden wir oft den Nominativ an: **Die Schule** beginnt in zwei Wochen. Wenn wir die Sache in Bezug setzen, dann den Genitiv: Der Ruf **des Schülers** ist schlecht. Je nach Situation müssen wir das Wort in seiner Endung verändern. Wir können nicht immer die Grundform verwenden, sonst würde es fehlerhaft zum Beispiel heißen: Das Haus **des Vater** ist groß. **Die Väter** (mehrere) treffen sich zum Grillen. Im Lateinischen funktioniert das genauso.

Verdeutlichen wir dies an einem Beispiel: Das Wort „schola" bedeutet Schule.

a-Deklination

„schola“ wird nach der a-Deklination wie folgt dekliniert:

	Singular	Plural
Nominativ	schola	scholae
Genitiv	scholae	scholarum
Dativ	scholae	scholis
Akkusativ	scholam	scholas
Ablativ	schola	scholis

Auffällig ist, dass das Wort, unabhängig davon, in welchem Kasus es steht, jedes Mal mit „schol“ beginnt. Das ist unser Wortstamm, der unverändert bleibt.

	Singular	Plural
Nominativ	**schol**a	**schol**ae
Genitiv	**schol**ae	**schol**arum
Dativ	**schol**ae	**schol**is
Akkusativ	**schol**am	**schol**as
Ablativ	**schol**a	**schol**is

Aus der Tabelle können wir die Endungen der a-Deklination jetzt ganz einfach entnehmen:

	Singular	Plural
Nominativ	**-a**	**-ae**
Genitiv	**-ae**	**-arum**
Dativ	**-ae**	**-is**
Akkusativ	**-am**	**-as**
Ablativ	**-a**	**-is**

Der Lateinunterricht verlangt leider häufig das Auswendiglernen von Tabellen. Der Vorteil ist, dass so logisch und ohne Vorhandensein von Sprachgefühl dekliniert werden kann. Es ist sinnvoll, auf Auffälligkeiten und Wiederholungen zu achten.

Bei der a-Deklination gibt es vier Auffälligkeiten:

1. Die Wörter enden im Nominativ Singular, sprich in ihrer Grundform, auf -a. Daran erkennst du überhaupt, dass ein Wort der a-Deklination angehört!
2. Genitiv und Dativ Singular sowie der Nominativ Plural enden gleich und zwar auf -ae!
3. Der Ablativ Singular sieht aus wie der Nominativ Singular! Für die Sprachprofis unter euch: Das -a beim Ablativ wird langgezogen.
4. Dativ und Ablativ Plural enden beide auf -is!
5. Merkspruch zum Genitiv Plural: *lirum, larum, Löffelstiehl.* Fragt nicht, wieso.

> **Gut zu wissen:** Fast alle Nomina der a-Deklination sind weiblich. Genauso wie viele Mädchennamen auf -a enden. Anna, Maria, Lea, Lina, Hanna, Sara, Lisa, Valeria, Valentina, Mira, Mia...

Übung: Welche Substantive gehören zur a-Deklination? Streiche die Falschen durch!
puella, amicus, domus, amor, flamma, aqua, audacia, auxilium, corpus

Aufgabe 1:
Cicero leitet ein Strafverfahren gegen den korrupten Gaius Verres (ehemaliger Statthalter von Sizilien) ein. Entweder du deklinierst „gloria“ richtig oder die Geschworenen lehnen Ciceros Anklage ab...gloria= Ruhm/ Ehre
Bestimme zunächst den Stamm des Wortes: ____________
Füge dann die Endungen an und vervollständige die Tabelle!

	Singular	Plural
Nominativ		
Genitiv		
Dativ		
Akkusativ		
Ablativ		

Aufgabe 2:
Verres ist hartnäckig... Er plädiert für unschuldig! Für jeden Kasus und Numerus, den du richtig erkennst, findet Cicero ein weiteres wichtiges Beweisstück, um gegen den Bösewicht vor Gericht vorzugehen...

	Kasus	Numerus
amicarum		
servis		
lacrima		
viae		
famis		
fugas		

Aufgabe 3:
Die Geschworenen halten ihn dank der überzeugenden Beweise für schuldig und diskutieren über eine gerechte Strafe für Verres...
Für jede richtige Antwort von dir muss er eine Millionen Sesterze hinblättern!

Genitiv Plural von puella: ______________________
Akkusativ Singular von amica: ____________________
Ablativ Plural von aqua: ________________________
Nominativ Plural von via: ______________________

Das wars mit der a-Deklination. Natürlich gibt es noch weitere...

o-Deklination

Die Wörter der o-Deklination sind fast immer Maskulinum oder Neutrum!
Die Endungen im Überblick:

1. Beim Maskulinum

	Singular	Plural
Nominativ	-us	-i
Genitiv	-i	-orum
Dativ	-o	-is
Akkusativ	-um	-os
Ablativ	-o	-is

2. Beim Neutrum

	Singular	Plural
Nominativ	**-um**	**-a**
Genitiv	**-i**	**-orum**
Dativ	**-o**	**-is**
Akkusativ	**-um**	**-a**
Ablativ	**-o**	**-is**

amicus, -i (mask.) ist ein Wort der o-Deklination, wir deklinieren es wie folgt:
An den Stamm amic- hängen wir die entsprechenden Endungen an.

	Singular	Plural
Nominativ	amic**a**	amic**ae**
Genitiv	amic**ae**	amic**arum**
Dativ	amic**ae**	amic**is**
Akkusativ	amic**am**	amic**as**
Ablativ	amic**a**	amic**is**

templum, -i (neutr.) ist ebenso ein Wort der o-Deklination.

	Singular	**Plural**
Nominativ	templ**um**	templa
Genitiv	templi	templorum
Dativ	templo	templis
Akkusativ	templ**um**	templ**a**
Ablativ	templo	templis

Beachte die Unterschiede zum maskulinen Schema.

Tipps:

1. Wörter, die im Nominativ auf -us oder -um enden gehören sehr häufig zur o-Deklination
2. Genitiv Singular und Nominativ Plural sind gleich beim Maskulinum!
3. Dativ und Ablativ Singular sind immer gleich!
4. Dativ und Ablativ Plural enden immer auf -is!
5. Beim Neutrum sind Nominativ und Akkusativ immer gleich! Besonders ist die Endung -a im Plural. Verwechslungsgefahr zur a-Deklination!

Wie du dich von Latein nicht austricksen lässt:
Wie wir gelernt haben, enden Wörter der a-Deklination im Nominativ und Ablativ Singular auf -a. Sehen wir zum Beispiel *„templa"* in einem lateinischen Satz, könnten wir also meinen, dass es sich um einen Nominativ oder Ablativ Singular der a-Deklination handelt. So entstehen massive Fehler in der Übersetzung. templum, auf welches die Form templa zurückzuführen ist, ist ein Neutrum und gehört eben nicht der a-Deklination an! Dementsprechend spricht das -a am Ende nicht für einen Nominativ oder Ablativ Singular, sondern für einen Nominativ oder Akkusativ Plural.

Wie vermeiden wir diesen Fehler bei der Übersetzung?
In unserem Beispiel müssen wir zunächst feststellen, ob es sich bei „templa" um ein Wort der a-Deklination handelt oder nicht, d.h. wir müssen die Deklinationsklasse bestimmen. Hier hilft ein Blick ins Wörterbuch: Wäre *„templa"* ein Wort der a-Deklination, müsste sich der Eintrag *„templa, ae"* finden. Stattdessen finden wir aber nicht *templa*, sondern *templum*, -i n. Wir erkennen also an der Grundform, dass das Wort nicht der a-Deklination angehören kann. Wir erhalten außerdem die Information, dass es sich um ein Neutrum handelt, womit die Endung -a also entweder Nominativ oder Akkusativ Plural sein muss.

Übung 1: Ein an Latein interessierter Unterstufenschüler deiner Schule möchte wissen, wie alt Caesar eigentlich geworden ist. Hilf ihm, indem du herausfindest wie viele Wörter der A-Deklination unten aufgelistet sind und wie viele zur O-Deklination gehören. Die Anzahl der beiden verrät dir die Lösung!

causa = _ - Deklination
dona = _ -Deklination
femina = _ -Deklination
vota = _ -Deklination
dea = _ -Deklination
templa = _ -Deklination
flamma= _ -Deklination
amica = _ -Deklination
bona = _-Deklination
fora = _ -Deklination

Caesar wurde ____ Jahre alt.

Übung 2:
Lucius fertigt nach dem Wunsch seines Vaters einen Stammbaum der letzten Generationen an. Dabei fällt ihm auf, dass in den letzten Jahrzehnten hauptsächlich nur Söhne geboren wurden. Ordne den verschiedenen Formen von filius (der Sohn) den ensprechenden Kasus und Numerus zu!

filiorum, filius, filio, filii, filiis, filium, filios

Akkusativ Singular, Akkusativ Plural, Nominativ Singular, Nominativ Plural, Genitiv Plural, Ablativ Singular, Ablativ Plural,

1. filiorum: Genitiv Plural
2. filius:
3. ...
4.
5.
6.
7.

Noch eine kleine Falle:
Du sieht in deinem lateinischen Text ein Wort, welches auf -um endet.
Du kennst die ungefähre Übersetzung des Wortes und übersetzt es als einen Akkusativ, weil du gelernt hast, dass männliche Wörter aus der o-Deklination im Akkusativ auf -um enden, wie „amicum". Sagen wir, in deinem lateinischen Satz steht das Wort „templum". Du weißt noch grob aus dem letzten Vokabeltest, dass „templum" Tempel bedeutet, also übersetzt du es als Akkusativ mit „den Tempel".

Wie wir vorhin aber gelernt haben, macht es einen großen Unterschied, welches Geschlecht dein lateinisches Wort hat. templum ist Neutrum, weshalb die Endung -um zum Nominativ und Akkusativ Singular gehört. Es reicht nicht immer, nur auf die Endung zu schauen. Du musst wissen, von welcher Grundform das lateinische Wort stammt, um Fehler in der Übersetzung zu vermeiden.

Konsonantische Deklination

Eine etwas kompliziertere Geschichte

orator, oratoris m.= Redner/ Sprecher

	Singular	Plural
Nominativ	orato**r**	orato**res**
Genitiv	orator**is**	orator**um**
Dativ	orator**i**	orator**ibus**
Akkusativ	orator**em**	orator**es**
Ablativ	orator**e**	orator**ibus**

Ein weiteres Beispiel...rex, regis m.= König

	Singular	Plural
Nominativ	re**x**	reg**es**
Genitiv	reg**is**	reg**um**
Dativ	reg**i**	reg**ibus**
Akkusativ	reg**em**	reg**es**
Ablativ	reg**e**	reg**ibus**

Achtung:
Verwechslungsgefahr bei der Endung -is im Genitiv! Der Dativ und Ablativ Plural der a- und o-Deklination endet ebenfalls auf -is. Wie kannst du eine Verwechslung der beiden Formen vermeiden?

Siehst du eine -is- Form darfst du nicht direkt davon ausgehen, dass es sich um einen Dativ oder Ablativ Plural handelt. Nimm für die Übersetzung, falls möglich, das Wörterbuch zur Hand und suche nach dem entsprechenden Wort.

Sagen wir, du wärst dir bei der Form „artis" unsicher, um welchem Fall es sich handelt.
Im Wörterbuch wirst du für artis nicht artus oder artum (das wäre o-Deklination) oder arta (das wäre a-Deklination) als Grundform finden, sondern ars. Auch der angegebene Genitiv mit ars, artis verrät dir, dass das Wort nicht zur o- oder a-Deklination gehört.

Es existiert auch eine Spielart mit Genitiv Plural auf "-ium", die gängig als "gemischte Deklination" bezeichnet wird. Oft wird auch von der Gesamtheit der „dritten Deklination" gesprochen. Historisch fallen konsonantische, gemischte und i-Deklination alle zusammen unter die Bezeichnung.

Ein wichtiges Wort der gemischten Deklination: *urbs, urbis f.*= die Stadt

	Singular	**Plural**
Nominativ	urbs	urbes
Genitiv	urbis	urb**ium**
Dativ	urbi	urbibus
Akkusativ	urbem	urbes
Ablativ	urbe	urbibus

Übung:
Genitiv Singular oder Dativ/ Ablativ Plural? Bestimme mit Hilfe des Wörterbuchs
Tipp: Substantiv > Grundform aus dem Wörterbuch > Kasus

1. verbis > verbum > Dativ/ Ablativ Plural
2. urbis >____________ > ____________________
3. terris > ____________ > ____________________
4. cladis > ____________ >____________________

i-Deklination

Die i-Deklination ist bei Substantiven selten. Bei Adjektiven ist sie extrem häufig, aber es gibt nur sehr wenige Substantive der i-Deklination im Lernwortschatz. Sie gehört, wie ihre zwei Verwandten, die gemischte sowie die konsonantische Deklination, allgemein zur dritten Deklination.

Das wichtigste Substantiv der i-Deklination ist das Defektivum „vis". „Defektivum" bedeutet, dass dieses Substantiv „defekt" ist, d.h. es besitzt nicht alle Formen.
vis, - (f.) = die Gewalt, die Kraft; Plural: Streitkräfte

	Singular	Plural
Nominativ	vis	vir**es**
Genitiv	--	vir**ium**
Dativ	--	vir**ibus**
Akkusativ	v**im**	vir**es**
Ablativ	v**i**	vir**ibus**

Im Vergleich zur konsonantischen und gemischten Deklination, hast du im Akkusativ und Ablativ Singular kein „e", sondern ein „i". Vergleiche: regem / vim; rege / vi

Aufgabe:
Der gelangweilte Gallier sitzt in Rom auf einer öffentlichen Toilette und kritzelt seine neuen Lateinkenntnisse an die Wand:
Dekliniere das Substantiv *turris, turris (f.)* = **der Turm**

	Singular	Plural
Nominativ	turris	
Genitiv		
Dativ		
Akkusativ		
Ablativ		

u-Deklination

Die Substantive der u-Deklination können an den Endungen -us (m./f.) oder -u (n.) erkannt werden. Hiermit haben wir schon das erste Problem: Wie bereits gelernt, enden die männlichen Substantive der o-Deklination ebenfalls auf -us.

exercitus, exercitus (m.) = das Heer

	Singular	Plural
Nominativ	exercitus	exercitus
Genitiv	exercitus	exercituum
Dativ	exercitui	exercitibus
Akkusativ	exercitum	exercitus
Ablativ	exercitu	exercitibus

	Singular	Plural
Nominativ	**-us**	**-us**
Genitiv	**-us**	**-uum**
Dativ	**-ui**	**-ibus**
Akkusativ	**-um**	**-us**
Ablativ	**-u**	**-ibus**

cornu, cornus (n.) - die Kriegstrompete

	Singular	Plural
Nominativ	cornu	cornua
Genitiv	cornus	cornuum
Dativ	cornui / cornu	cornibus
Akkusativ	cornu	cornua
Ablativ	cornu	cornibus

Aufgabe:
Das phoenizische Handelsschiff wird von den römischen Hafenbeamten schikaniert: "Entweder ihr dekliniert *portus* **fehlerfrei oder ihr müsst extra Steuern auf eure Ladung zahlen!"**
portus, portus (m.) = **der Hafen**

	Singular	Plural
Nominativ	portus	
Genitiv		
Dativ		
Akkusativ		
Ablativ		

e-Deklination

Die Wörter der e-Deklination enden im Nominativ auf -es. Achtung! Substantive aus der konsonantischen oder gemischten Deklination können auch auf -es enden (z.B. sedes). Da der Genitiv sich aber unterscheidet, ist an der Volkabelangabe erkennbar, ob das Wort zur dritten oder zur e-Deklination gehört: Bei der e-Deklination endet der Genitiv Singular auf -ei, während wir im Genitiv Singular der anderen beiden die Endung -is vorfinden.

res, rei (f.) = die Sache

	Singular	Plural
Nominativ	res	res
Genitiv	rei	**rerum**
Dativ	rei	**rebus**
Akkusativ	rem	res
Ablativ	re	**rebus**

Übung: e-Deklination oder dritte Deklination?
Für jedes von dir erkannte Substantiv der E-Deklination erhält Aurelius einen Sesterzen, um seine Einkäufe zu erledigen. Kreise die Richtigen ein!

spes, spei — clades, cladis — orator, oratoris

facies, faciei — navis, navis — fides, fidei

Deklinations-Training

Der skrupellose Geschäftsmann Marcus trifft seinen Rivalen Felicius im Circus Maximus und stiftet ihn zu einer Wette an. Marcus setzt auf den roten Wagen, Felicius auf den blauen. Hilf dem armen Felicius die Wette zu gewinnen, indem du die Formen folgender Substantive richtig bestimmst! Schaffst du es nicht, verliert er seine letzten Ersparnisse...

Beispiel: *viae* = **Genitiv Singular, Nominativ Plural von** *via* = **der Weg**

- *periculo*= ________________________________ von *periculum, -i (n.)* Gefahr

- *manus*= ________________________________ von *manus, -us (f.)* Hand

- *turrim*= ________________________________ von *turris, -is (f.)* Turm

- *pace*= ________________________________ von *pax, pacis (f.)* Frieden

- *auxilii*= ________________________________ von *auxilium, -i(n.)* Beistand, Unterstützung

Nach der ersten Hälfte scheint der rote Wagen leider vorn zu liegen. Schaffst du es, dass sich das Ergebnis wendet?

Übersetze die deutschen Begriffe ins Lateinische und beachte dabei den Kasus!
Beispiel: dem Mädchen (Dativ Sg.) > puellae (Dativ Sg. von puella)

- durch die Gefahr > ________________________

- den Händen > ________________________

- der Frieden > ________________________

- dem Beistand > ________________________

Drei Mal darfst du raten...Setze einen Haken an die richtige Antwort!

1. templa ist ...

a) Nominativ Singular Feminimum.
b) Ablativ Singular Femininum.
c) Akkusativ Plural Neutrum.

2. Welcher Kasus beantwortet die Frage „womit"?

a) Vokativ
b) Ablativ
c) Dativ

3. Akkusativ von ornamenta

a) ornamenta
b) ornamentam
c) ornamentes

4. Plural von senator

a) senatores
b) senatori
c) senatorum

5. Kasus von flammis

a) Genitiv
b) Nominativ
c) Dativ

6. Lucius senator__ salutat.

a) -i
b) -um
c) -em

7. Ablativ von lacrima

a) lacrimis
b) lacrima
c) lacrimibus

8. Plural von poenam

a) poenae
b) poenas
c) poenabus

MEINE CHEATCODES

für die Deklinationen

Warum legen die Lehrer überhaupt einen so großen Wert auf die Deklinationen?
Um komplexere lateinische Texte übersetzen zu können, ist die Beherrschung der verschiedenen Deklinationen und deren Endungen Voraussetzung. Ich habe im letzten Kapitel gezeigt, wie schnell es bei gleich aussehenden Endungen zu Verwechslungen und schließlich gravierenden Fehlern in der Übersetzung kommen kann

Das Auswendiglernen der Tabellen kann nie schaden, vor allem, wenn diese explizit in Grammatiktests abgefragt werden. Das Erkennen der Formen kann über die Jahre immer leichter werden. Ich habe bereits in meiner Schullaufbahn so viele lateinische Texte übersetzt, dass ich inzwischen weiß, welches Wort welche Formen bilden kann. Bei der Vokabel „senator" weiß ich beispielsweise im Vorhinein, dass „senatores" sowohl Nominativ als auch Akkusativ Plural sein kann. Darüber hinaus habe ich für jeden Vokabeltest zu jedem Wort die Genitivform mitlernen müssen, weshalb ich zum Beispiel automatisch weiß, welche Wörter zu welcher Deklination gehören. Mein Ratschlag für die Anfänger*innen unter euch, ist natürlich, zunächst einmal die Tabellen zu verinnerlichen, aber viel mehr den Fokus auf das Üben zu legen. Was bringt es euch, wenn ihr ein Substantiv auf Latein in jedem Fall deklinieren könnt, aber nachher nicht wisst, wie ihr die lateinischen Kasus in der Übersetzung umsetzten sollt. Besonders wichtig ist es später in der Übersetzung entscheiden zu können, welche Wörter zusammengehören.

An diesem Punkt möchte ich erwähnen, wie häufig viele Autoren das Stilmittel „Hyperbaton" in ihren Werken verwenden. Bei einem Hyperbaton werden zusammengehörende Wörter durch einen Einschub voneinander getrennt. So müssen wir Schüler uns auf die Suche begeben und im lateinischen Satz alle Puzzelteile zusammensuchen.

Mit den vielen Jahren habe ich meine eigene Strategie entwickelt und verrate euch meine Geheimtricks (natürlich ohne Garantie).

- **-ibus** heißt für mich immer **Dativ oder Ablativ Plural**
- **-is** heißt für mich sehr oft **Dativ oder Ablativ Plural**, kann aber auch ein **Genitiv Singular** sein (Alarmglocken eingeschaltet)
- **Nominativ und Akkusativ** sind bei **Neutra gleich**!
- **-orum, -arum** heißt für mich eigentlich immer Genitiv Plural
- **-a** heißt für mich entweder **Neutrum Nominativ und Akkusativ Plural** oder **Femininum Nominativ** und **Ablativ Singular**!
- **-i** heißt für mich vor allem **Genitiv Singular** oder **Nominativ Plural** (Maskulinum), kann aber auch im seltenen Fall ein **Ablativ Singular** sein (> **i-Deklination**)
- **-o** heißt für mich **Dativ und Ablativ Singular** beim **Maskulinum**

KNG statt AMG

Im Gegensatz zur deutschen Sprache finden wir in lateinischen Texten keine Artikel vor den Nomina. Wir brauchen sie auch nicht, denn an den Endungen der Deklinationen erkennen wir den Kasus, in den wir den deutschen Artikel setzen müsssen.

Im Lateinischen werden Substantive und dazugehörige Adjektive abgestimmt dekliniert. Man spricht von der KNG-Kongruenz, der Übereinstimmung von Kasus, Numerus und Genus. Wörter sind dann KNG-kongruent, wenn sie im gleichen Kasus (Nominativ, Genitiv, Dativ, Akkusativ oder Ablativ), im gleichen Numerus (Singular, Plural) und im gleichen Genus (Maskulinum, Femininum, Neutrum) stehen. *„villa magna"* bedeutet das große Landhaus. *„magna"* ist das Adjektiv, welches die Villa näher beschreibt. *„villa"* ist das Substantiv, das durch das Adjektiv beschrieben wird. Beide Formen stehen im Nominativ, Singular, Femininum und gehören deshalb zueinander - sie sind kongruent.

Einfach ist es, eine KNG-Kongruenz zu erkennen, wenn die Endungen gleich aussehen – wie bei unserem obigen Beispiel *„villa magna"*. Hast du einen kurzen Satz vorliegen, der nur aus Subjekt und Prädikat besteht und in dem es nur ein einziges Adjektiv gibt, ist ohne viel Nachdenken zu vermuten, dass Subjekt-Substantiv und Adjektiv zusammengehören, vor allem, wenn die Endung gleichaussieht. Anders ist es, wenn du in einem Satz mehrere Adjektive und Substantive hast, da wird es schwieriger zuzuordnen, was wozu gehört.

Mein persönlicher Ratschlag für die KNG-Kongruenz ist, nicht gleiche Endungen vorschnell als zusammengehörige Wörter zu deuten. Nur weil Adjektiv und Substantiv deines Satzes beide auf -is enden heißt es nicht, dass sie zusammengehören!

Unser Ziel ist es, diesen Satz fehlerfrei zu übersetzen:
Filia matris in foro parva stat.

1. Wir begeben uns auf die Suche nach unserem Prädikat. Oft steht das Prädikat im Lateinischen am Satzende und tatsächlich ist stat unser Prädikat und bedeutet „er/sie/es" steht.

2. Jetzt stellen wir uns die Frage, wer überhaupt steht? Bedenke, dass im Lateinischen das Subjekt auch im Prädikat enthalten sein kann. Wir müssen uns also zunächst fragen: Gibt es in diesem Satz ein ausgedrücktes Subjekt? Wenn ja, dann müssten wir einen Nominativ Singular finden, weil stat im Singular steht.

3. Es gibt in diesem Satz zwei mögliche Nominativ Singular Wörter, *filia* und *parva* (möglicher Nom.Sg. a-Deklination). Das Adjektiv *parva* (möglicher Nom. oder Abl. Sg. f. von parvus/a/um - klein) kann hier nur zu filia gehören, da es weder zu foro (Dat. oder Abl.Sg.n.) noch zu *matris* (Gen.Sg.f.) kongruent sein kann. Das Subjekt ist also „*filia parva*", die kleine Tochter.

4. Meine nächste Frage wäre „wo steht denn die kleine Tochter (*filia parva*), ich suche nach einer punktuellen Ortsangabe. Ortsangaben stehen oft im Ablativ mit Präposition. Die Präposition „in" und die Endung -o bei foro passt zu einem lokalen Ablativ. In unserem Satz ist also *„in foro"* (auf dem Forum) meine Ortsangabe:
Bis jetzt wissen wir, dass die kleine Tochter auf dem Forum steht.

5. Leider ist der Satz hier noch nicht vollständig, es bleibt *„matris"* übrig. Aus meinem Wortschatz weiß ich, dass die Form matris von dem Wort *mater, matris f.* stammt und Mutter bedeutet. An der Endung erkenne ich, dass es sich hier um einen Genitiv Singular handelt. Fälschlicherweise könnte man die Endung -is fehlinterpretieren und *matris* mit „für die Mütter" (Dativ Plural) oder „durch die Mütter" (Ablativ Plural übersetzen. Die Genitivform, welche im Wörterbuch angegeben ist (-is) verrät aber, dass es sich um ein Wort aus der dritten Deklination handelt. Dementsprechend würde der Dativ und Ablativ Plural nicht auf -is wie bei der a- und o-Deklination, sondern auf -ibus auslauten. *Matris* ist eindeutig Genitiv und bedeutet „der Mutter".

Jetzt haben wir alle Informationen: „Die kleine Tochter der Mutter steht auf dem Forum."

Übung 1:
Probiere nun dein Glück!
Du darfst das Wörterbuch für dir unbekannte Wörter zur Hand nehmen.
Vinum bonum bibit equus Caesaris.

1. **Nenne das Prädikat und bestimme den Numerus!**

   ____

2. **Bestimme die Form equus (Kasus, Numerus, Genus)!**

   ____

3. **Bestimme die Form vinum (Kasus, Numerus, Genus)!**

   ____

4. **Entscheide: Was ist das Subjekt?**

   ____

5. **Entscheide: Was ist das Objekt?**

   ____

6. **Welche Wörter gehören nach KNG- Kongruenz zusammen?**

   ____

7. **Welche Zusatzinformation haben wir?**

   ____

Übung 2:
Wortschlange
Finde die lateinische Übersetzung. Achte auf die KNG-Kongruenz!
Barbarahonestumiustusmunuspatronusgens

1. Der gerechte Schutzherr =

2. Das fremde Volk =

3. Das angesehene Amt =

Die Geburtsstunde Roms

in etwas anderer Art

Ein leises Wimpern, ein sanftes Schnalzen dringt aus einem der vielen gelb-grünen Sträucher, welche das Gewässer von beiden Seiten aus bewuchern. Wir befinden uns am Tiber, einem der längsten und bedeutendsten Flüsse in Italien.Faustulus muss auf alle Sinne vertrauen, denn wenn er mit seinen Augen in dem Dickicht umherschweift, scheint alles eins zu sein. Seine Ohren spitzen sich und die beiden klobigen Füße richten sich wie ein goldener Kompass aus, der einen Geirrten stets zu seinem langersehnten Ziel zu führen versucht. Langsam tastet er sich durch die Landschaft vor, während der seltsame Klang weiter durch die Morgendämmerung schallt. Äste knacken, Vögel zwitschern und der Strom des Tibers lassen den anfänglichen Tag wie jeden anderen erscheinen, aber irgendetwas scheint ihn besonders zu machen. Faustulus Gespür verrät ihm, dass Gefahr lauert und sich jemand nach einer helfenden Hand sehnt. Ruckartig stößt er mit seinem großen Zeh gegen einen sonderbaren Gegenstand. „Verflixt nochmal", hallt es durch das ganze Gebiet, während der weißbärtige Mann wie ein Narr auf einem Bein im Kreis hüpft. So hatte er sich seinen Erholungslauf nicht vorgestellt...

Das wehleidige Winseln wandelt sich um in ein leises kichern und Grunzen. Faustulus kratzt sich am Kopf und hebt fragwürdig eine Augenbraue. Wäre er in einem Cartoon, würden große Fragezeichen und eine Sprechblase mit „Hä?" über seinem Haupt schwirren. Der Gegenstand, der sich soeben mit den Zehen dieses Mannes vertraut gemacht hat, wippt nun durch den ruckartigen Zusammenstoß in alle Himmelsrichtungen. Aus Schreck ist ihm zugleich das locker von der Schulter hängende Fell entwischt und verdeckt jetzt die verborgene Überraschung.Wie in Zeitlupe bückt sich der alte Mann, wobei er wirklich jeder Kreatur am Ufer durch lauthalsige Schimpfungen seine Anwesenheit signalisiert.
Faustulus ist ein Mann reifen Alters mit kahlem Kopf, auf welchem sich die letzten Haare kräuseln und sich schließlich in einem langen zerzausten weißen Bart wiederfinden. Der Körper, verziert mit tiefliegenden Narben und unzähligen Verhornungen, verrät, mit welcher Tüchtigkeit dieser Mensch durch das Leben geschritten ist. Mit dem Fell in seiner Hand traut Faustulus seinen Augen kaum, mehrfach reibt er sich diese, um den vor ihm liegenden Fund zu identifizieren. Ein Geflecht aus hauchzarten goldgelbenen Ruten umschlingt eine Einheit aus zwei zusammengekauerten Jünglingen, den Brüdern Romulus und Remus. Die Gesichter reinweiß wie aus Marmor gemeißelt, aber dennoch so sanft wie feinste Seide. Der eine von beiden klammert sich mit seinen winzigen Händchen an dem Hirtenstab von Faustulus fest, der andere vergräbt sein Gesicht in der Schulter seines Bruders.

Es ist eine Kunst, die Brüder äußerlich zu unterscheiden. Von den Augen bis zum Mund, über die Ohren und die Schultern und sogar bis zum letzten Muttermal ähneln sie sich, dass man meinen könnte, sie seien das Spiegelbild voneinander.
Doch der Schein trügt...

Aufgabe:

1. Schreibe alle Namen aus der Geschichte heraus. Was fällt dir auf?

____________, ______________, ____________

____.

2. Wissenscheck: Vervollständige die Sätze

a) ____________________ war ein alter Hirte.

b) _____________ und ______________ waren Brüder.

Je mehr Hintergrundwissen du hast, desto leichter fällt dir die Übersetzung.

3. Versuche ohne Wörterbuch zu übersetzen!

a) Tiberis longus est.

____

b) Faustulus fratres audit.

____

Übersetzungstext - bearbeite zunächst die Aufgaben zum Text. Übersetze dann.

Romulus et Remus in domo Faustuli habitant.

Domus, quae e ligno creabatur ([1]), in silva pulchra stat.

Pueri primum venationem et pugnam discunt, deinde linguam.

Iam initio Faustulus videt Romulum gladium amare ([2]).

Remus autem prudentissimus([3]) est et in schola optimus discipulus.

Non armis, sed verbis pugnat.

---

[1] *Imperfekt Passiv von aedificare*
[2] *ACI*
[3] *Superlativ von prudens*

Aufgabe 1:
Welches Satzglied wurde hier jeweils fett markiert?

Aufgabe 2:
Ordne den lateinischen Vokabeln ihre Übersetzung zu! Benutze ein Wörterbuch.

A) domus B) lignum C) silva D) puer E) venatio F) pugna
G) lingua H) gladius I) schola J) discipulus K) arma L) verbum

____ Wald, ______Schüler, ____Jagd, _____Junge, ______Holz,

______Haus, ______ Schwert, _____Sprache, ______Wort,

________Unterricht, ______Kampf, ______Waffen

Aufgabe 3:
Versuche den Text mit den Vokabeln aus Aufgabe 2 stückhaft ins Deutsche zu übersetzen, nur soweit du kommst! Die Grammatik schauen wir uns im Folgenden genauer an.

Grammatik

Aktiv und Passiv

Aktiv und Passiv sind Gegenstücke: Beim Aktiv steht der „Täter" im Vordergrund, beim Passiv die Handlung. Beim Aktiv ist wichtig, wer handelt. Beim Passiv interessiert uns, was gemacht wird. Wer oder was beim Passiv handelt, spielt eine untergeordnete Rolle.

Aktiv oder Passiv?
Das Haus wurde aus Holz gebaut > ________________
Faustulus baut eine Hütte aus Holz > ________________

Lateinische Passivformen erkennen

Im Präsens und Imperfekt an den Endungen:
(o)r, ris, tur, mur, mini, ntur

Präsens:
amare= lieben

	Aktiv	**Passiv**
1. Person Singular	amo - ich liebe	amor -
2. Person Singular	amas - du liebst	amaris -
3. Person Singular	amat - er/sie/es liebt	amatur -
1. Person Plural	amamus - wir lieben	amamur -
2. Person Plural	amatis - ihr liebt	amamini -
3. Person Plural	amant - sie lieben	amantur -

Übung 1:
Ergänze die fehlenden deutschen Übersetzungen in der Tabelle.

Übung 2:
Streiche alle aktiven Verbformen durch:
facimus, audiris, possunt, videtur, clamor, clamo, audis, do, feruntur

Imperfekt:
Das Imperfekt wird im Deutschen meist mit dem Präteritum übersetzt:
sie liebte (Präteritum Aktiv) / *sie wurde geliebt* (Präteritum Passiv)

	Aktiv	**Passiv**
1. Person Singular	amabam - ich liebte	amabar - ich wurde geliebt
2. Person Singular	amabas - du liebtest	amabaris -
3. Person Singular	amabat - er/sie/es liebte	amabatur -
1. Person Plural	amabamus - wir liebten	amabamur -
2. Person Plural	amabatis - ihr liebtet	amabamini -
3. Person Plural	amabant - sie liebten	amabantur -

Übung 1:
Ergänze die fehlenden deutschen Übersetzungen in der Tabelle.

Übung 2:
Im vergangenen Übersetzungstext haben wir folgenden Satz:
Domus, quae e ligno **creabatur**, *in silva pulchra stat.*

Versuche, die passive Verbform mithilfe der Tabelle zu übersetzen.
(creare=erschaffen, erbauen)

Das Haus, welches aus Holz ______________________________, steht in einem schönen Wald.

Grammatik

Der ACI

Der ACI
accusativus cum infinitivo= Akkusativ + Infinitiv
Den ACI erkennen wir an einer Akkusativform und einem Infinitiv. Zusätzlich haben wir ein Signalwort, das den AcI einleitet.

Die Signalwörter sind oft sogenannte „Kopfverben“, also Verben der Wahrnehmung, wie zum Beispiel hören, sehen, wissen, erkennen, glauben...
Schauen wir uns das an einem Beispiel an:

Faustulus *scit Remum libros amare.*
Faustulus ist das **Subjekt** des Satzes und scit das dazugehörige **Prädikat**
Faustulus weiß > Signalwort > *scit*

Jetzt kommt unser ACI ins Spiel: Wir haben einen Infinitiv (amare) und einen Akkusativ
Achtung: In diesem Fall haben wir sogar zwei Akkusative *(Remum und libros),*
Was klingt logischer? Kreuze an!

a) Die Bücher lieben Remus ___

b) Remus liebt die Bücher ___

Du merkst, trotz der vielen Grammatikregeln ist es oft hilfreich, nach dem Sinn oder sogar Gefühl zu übersetzen, obwohl es jeder:m Lateinlehrer:in die Haare zu Berge stehen lässt! (Die eigentliche Grammatikregel, die hier zum Tragen kommt, ist, dass im Normalfall der erste Akkusativ dem Subjekt entspricht.)

Wie übersetzen wir den ACI jetzt?
> Mit einem dass- Satz!

Wir haben also den Hauptsatz (Faustulus weiß) und dann den deutschen Nebensatz, der mit einem „dass" beginnt.

Faustulus weiß, dass ....
HS NS

Die Regeln:
1. Der erste Akkusativ wird jetzt zum Subjekt des Nebensatzes *(Remum)*
Faustulus weiß, dass Remus.......

2. Der Infinitiv wird zum Prädikat des Nebensatzes *(amare)*
Faustulus weiß, dass Remus .... liebt.

3. Jetzt ergänzen wir den Satz *(libros)*
Faustulus weiß, dass Remus Bücher liebt.

In obigem Übersetzungstext steht folgender AcI:
Faustulus videt Romulum gladium amare
Versuche zu übersetzen!

Faustulus sieht, dass ____________________________.

Steigerungsformen
Es geht immer mehr...schnell, schneller, am schnellsten
...schön, schöner, am schönsten
...groß, größer, am größten

Auch im Lateinischen gibt es die Steigerungsformen
fortis, fortior, fortissimus - tapfer, tapferer, am tapfersten

Wenn es sich nicht um einen Vergleich handelt (z.B A ist stärker als B) werden die Steigerungsformen normalerweise so übersetzt:
Romulus fortis est = Romulus ist tapfer.
Romulus fortior est = Romulus ist ziemlich tapfer.
Romulus fortissimus est = Romulus ist sehr/ äußerst tapfer.

Im Übersetzungstext steht:
Remus autem prudentissimus est...
> zur Hilfe: *prudens* = klug

Übersetze jetzt:
Aber Remus ist ____________________.

Cavete:
In diesem Satz haben wir außerdem ein weiteres grammatikalisches Phänomen: das Prädikatsnomen...Anders als man vermuten könnte, sind die Nominative *„prudentissimus"* und weiter *„optimus discipulus"* nicht die Subjekte des Satzes. Das Subjekt ist weiterhin Remus. Sie sind „Prädikatsnomen", die meist mit einem Hilfsverb *(lat. kopula)* wie esse stehen und ergänzen das Prädikat als Prädikatsnomen. Subjekt und Prädikatsnomen beantworten beide die Frage nach „Wer oder was?".

Beispiel: *Romanus fortis est.*
„Der Römer ist tapfer."

Das Subjekt ist *„Romanus"*, *„est"* ist das Hilfsverb. Das Adjektiv „tapfer" ist das Prädikatsnomen, welches im lateinischen Satz auch im Nominativ steht. Zusammen ergeben Hilfsverb und das Prädikatsnomen das Prädikat des Satzes. Beide können gleicherweise erfragt werden: Wer oder was war tapfer? „Der Römer"/Wer oder was war der Römer? „Tapfer".

***Nicht nur Adjektive können Prädikatsnomen sein. Auch Substantive wirken im lateinischen Satz in Verbindung mit einem Hilfsverb als Prädikatsnomen.**

Beispiel: *Lucius et Magnus amici sunt.* = Lucius und Magnus sind Freunde.
„Lucius und Magnus" ist hierbei das Subjekt des Satzes, „sunt" ist das Hilfsverb, das zusammengesetzt mit dem Prädikatsnomen „amici" das Prädikat des lateinischen Satzes ergibt!

Hinweis: Ist das Prädikat aus einem Hilfsverb und einem Prädikatsnomen zusammengesetzt, sind Prädikatnomen und Subjekt des Satzes KNG-kongruent!
Romanus – fortis
Beide stehen im Nominativ (Kasus)
Beide stehen im Singular (Numerus)
Beide sind Masculinum (Genus)

Langeweile?

1. Informiere dich über die Sage von Romulus und Remus im Internet!
2. Streiche die falschen Aussagen durch!

a) Die beiden Jungen waren Kinder des Kriegsgottes Mars und der Priesterin Rhea Silvia.

b) Remus hat seinen Bruder im Kampf besiegt.

c) Rom wurde nach Romulus benannt, nachdem dieser Remus erschlagen hatte.

d) Eine Bärin hat Romulus und Remus großgezogen.

Zwei Jungen im Doppelpack,
entsprungen von Gott Mars' Kraft.
Von Rhea Silvias Leib,
das Romulus und Remus Balg.
Statt in Kita, saßen sie am Tiber
und saugten Milch von einer Wölfin lieber.
Als sie ein Hirte nach Hause nahm,
waren die beiden noch zahm
Jahre später dann Hetz metz
Der eine hat den anderen zerfetzt
So trägt die Pastastadt nun seinen Namen,
Vielen Dank,
Romulus,
Für deine Gaben.

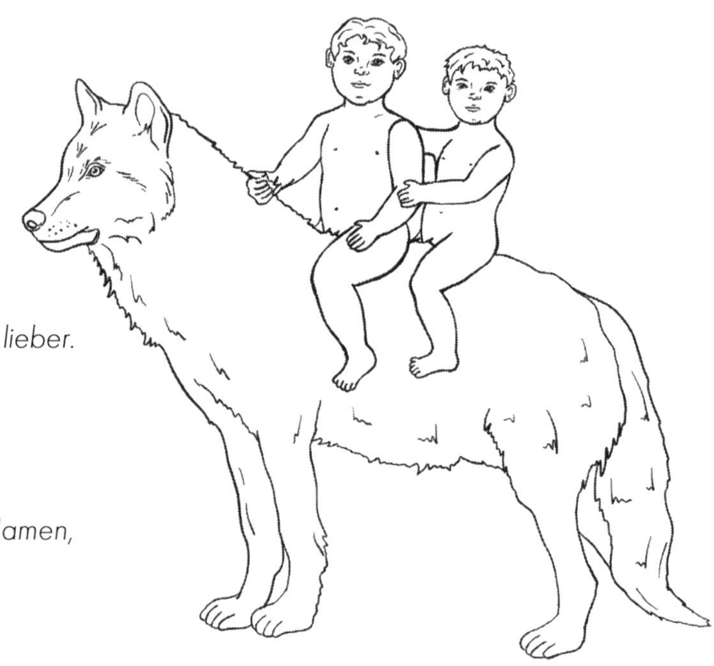

Latein in der Zauberwelt

Wie vermutlich einige von euch auch, war ich viele Jahre lang ein treuer Fan des Harry Potter Universums und bin es bis dato immernoch. Die Buchreihe habe ich mit zwölf Jahren einmal komplett in den Sommerferien durchgerattert, nachdem meine Eltern mir einen Kindle gekauft hatten. Natürlich wurde die Filmreihe unzählige Male ergänzend durchgeschaut, dank der damals jährlichen Ausstrahlung im Fernsehen.

Ist euch schonmal aufgefallen, dass wir auch Latein in der zauberhaften Geschichte finden können? Bei den kurzen Zaubersprüchen handelt es sich oft einfach um Formen, die direkt dem Wörterbuch entnommen sind, beispielsweise accio, crucio, reparo oder protego.
Die Anleitung für einen simplen Zauberspruch lautet also: Suche dir ein Verb aus dem Wörterbuch aus und konjugiere es in der ersten Form, der ich-Form.

Kniffliger wird die Herleitung bei längeren Zaubersprüchen. Hierfür wurden nämlich mehrere Wörter kombiniert und so abgwandelt, dass es mystisch und gefährlich klingt.

Der bekannte Entwaffnungszauber „Expelliarmus" leitet sich ab von dem lateinischen Wort expellere, was „vertreiben" heißt. Am Ende des Worts erkennen wir eine weitere Vokabel und zwar arma = Waffen. So entstand das „Hinfort mit deinem Zauberstab"-Kommando.

Übung 1.
Finde die dazugehörigen Verben und ihre Übersetzungen.
Benutze das Wörterbuch!

Accio ____

*Ascend(i)o*____

*Crucio*____

*Imper(i)o*____

*Reparo*____

*Protego*____

Latein in der Zauberwelt

Übung 2:
Denke dir selber zwei Zaubersprüche aus, indem du der Anleitung aus dem Text folgst. Wann könnte man diese Zaubersprüche anwenden?

____

____

____

____

Übung 3:
Was könnte „Levicorpus" bedeuten?
Tipp: *levi > levare*

____

____

Warum haben wir das eben gemacht?
Spätestens in der Oberstufe wirst du mit dem Wörterbuch arbeiten dürfen und glaub mir, du wirst es müssen. Die Wörter in den lateinischen Übersetzungstexten stehen aber nur in den seltensten Fällen in ihrer Grundform, was uns die Suche im Wörterbuch erschwert. Anhand des Stammes solltest du ein Wort, egal welche Endung es hat, wie es konjugiert wurde oder sonstiges, im Wörterbuch ausfindig machen können - und zwar schnell.

In meinem damaligen Latein Unterricht wurden häufig eher politische Texte übersetzt, weshalb das Interesse bei den Schülern eher gering ausgefallen ist. Natürlich variiert das Lehrprogramm auch sehr stark je nach Bundesland und Lehrperson. Es wird beispielsweise auch viel Liebesdichtung, Mythen und Philosophie übersetzt.

Ich bin der festen Überzeugung, würde man die Harry Potter Werke im Unterricht aus dem Lateinischen ins Deutsche übersetzen, wären zumindestens die fleißigen Leser interessiert. Zwar gibt es in der Lateinischen Dichtung kein Werk, was Harry Potter ähnelt, wir haben aber genug Poesie, die sich von politischen Themen loslöst und in die Mythik und Fantasie eintaucht.

Ovid

Der römische Dichter Ovid schrieb einige Jahre nach der Geburt Christi seine Bücher der Verwandlungen. Das gesamte Werk besteht aus über 10 Büchern und wurde im Format eines Gedichts verfasst, in Hexametern. Metamorphosen, lat. Metamorphoses, werden die Verwandlungsvorgänge genannt, bei denen eine Gestalt von ihrer früheren Form in eine neue Form überführt wird.

Lass mich dir von der Geschichte von Daphne und Apollo erzählen. Der griechische Gott Apollo begann einen großen Fehler und verärgerte durch einen beleidigenden Kommentar den Gott der Liebe namens Eros. Als Strafe spannte dieser seinen Bogen und schoss einen vergoldeten Pfeil auf Apollo und einen bleiernden auf die Nymphe Daphne. Dies löste in Apollo eine unsterbliche Liebe zu der Nymphe aus. Bei Daphne aber bewirkte der Pfeil das Gegenteil, sie wollte nichts mehr als fliehen vor ihm.
Als sie genug von Apollos Verfolgung hatte, bat sie ihren Vater, der ein Flussgott war, sie zu verwandeln, um ihren gruseligen Verehrer so endlich abwimmeln zu können.
So verwandelte sie sich schließlich in einen Lorbeerbaum. Na toll. Apollo ließ es aber damit nicht sein. Der Lorbeer war fortan sein Heiligtum und seine neue Kopfbedeckung.
Auffällig bei Ovids Gedichten ist das Motiv der Liebe und wie sie den Menschen den Kopf verdreht. Liebe löst Reaktionen aus, positive und negative.
Auch in anderen Werken spiegelt sich das Thema wider. Ovid widmete der Liebe seine Ars amatoria- ein Lehrgedicht über die „Kunst des Liebens". Die Trilogie dient in erster Linie als Ratgeber und verrät Tipps, wie ein Mann in Rom ein Mädchen kennenlernen kann, um im späteren Verlauf ihre Liebe zu gewinnen. Die Frauen kommen dabei jedoch nicht zu kurz, denn im dritten Buch verrät der „Frauenversteher" wie wir uns zur perfekten Geliebten machen können.

Die ganzen Liebesratgeber für Frauen sind doch genauso ein beliebtes Thema der Klatsch- und Tratschzeitschriften, die es seit Jahren auf dem Markt gibt. Auf der Titelseite gibt es passend dazu jedes Mal ein anderes Supermodel mit toller Haut und strahlend weißen Zähnen, die umrahmt wird von vielversprechenden Slogans, wie „wie du ihn dazu bringst, dir einen Antrag zu machen" oder „die 5 Geheimtipps der Topmodels" oder sogar „fünf Kilo in zehn Tagen abspecken, so klappts". Die Leute sind einfach überzeugt davon, dass es für jede Sache einen Geheimtipp gibt und vertrauen in dieser Hinsicht des Öfteren auf unverlässliche Quellen.

Götterkunde

Die hellen Strahlen des Vollmondes lassen die vielen Pfützen und Teiche aufblitzen. Lange war der Sternenhimmel nicht mehr so klar. Auch die Tiere lockt es aus ihren Bauten, allesamt stecken sie die Köpfe heraus und bereiten sich auf ihre nächtlichen Wanderungen vor. Die Äste und losen Blätter auf dem Waldboden formen sich zu einem kleinen geheimnisvollen Pfad, auf dem ein prachtvoller Hirsch herumstolziert.

Das durch die Planzensäfte dunkelbraungefärbte Geweih mit hell geschlagenen Spitzen symbolisiert den Überrang dieses Tieres. Wie in der Politik herrscht auch im Tierreich eine Hierarchie mit dem stärksten Part an der Spitze. Der Hirsch gehört zu den Herrschern des Waldes, seine Größe und die Bereitschaft zum Kampf machen ihn zum Sinnbild von Kraft und Mut. Dem Hirsch voraus stapfen Jagdstiefel aus feinstem Leder und der Weg wird hell erleuchtet durch das grelle Licht einer Fackel. Mit Köcher und Bogen ist sie den Tieren überlegen, mit ihrer Gabe, heilende Kräuter zu erkennen, den Menschen.

Ihre Umgebung leuchtet allein durch ihre Anwesenheit auf und die Tiere des Waldes werden nur so von ihr angezogen. Als Göttin der Jagd und des Mondes ist sie besonders geschickt im Umgang mit den Waldbewohnern und weiß sich durch die Nachahmung der Laute zu verständigen. Auch vor großen gefährlichen Wesen zeigt sie keine Scheu, sogar im Gegenteil, sie sucht ihre Nähe.

Rätsel:
Wie heißt die Göttin dieser Geschichte?

1 Lateinisch für „Haus"
2 Der erste Kaiser Roms
3 Genus von *amicus*
4 Infinitiv von *amo*
5 veni, vedi, ...
6 Lateinisch für „Mann"

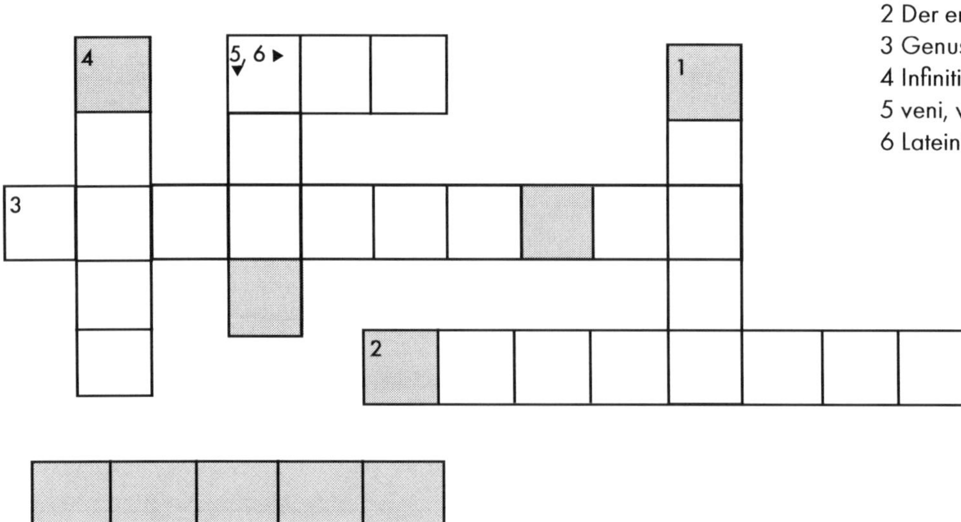

Berichtigung

Anna hat heute ihre Lateinarbeit zurückbekommen. Leider hat sie einige Fehler in der deutschen Übersetzung gemacht, die ihr Lehrer Hr. Schmitt unterstrichen hat. Als Hausaufgabe soll sie eine Berichtigung schreiben. Kannst du Anna helfen, die richtigen deutschen Übersetzungen zu finden?

Tipp: Die eingeklammerten Worte verraten die Art des Fehlers, den Anna gemacht hat.

a) *Sicut Graeci, Romani crediderunt multos deos esse et templa aedificaverunt.*

So wie die Römer, haben die Griechen an viele Götter geglaubt und Tempel gebaut.
(Verwechslung!)

____

b) *Dei erant propriis ingeniis et describebantur symbolis.*

Die Götter besaßen individuelle Eigenschaften und stellten Symbole dar.
(Passiv! Wie wurden die Götter dargestellt?)

____

c) *Rex omnium deorum erat Iuppiter.*

Alle Götter waren König von Juppiter. (Falsche Kasus)

____.

Venus (gr. Aphrodite) nota est magna pulchritudine et amore.

Venus ist bekannt und liebt die große Schönheit.
(amore ist kein Verb, Kasusfehler: magna pulchritudine et amore = Ablativ!)

____.

Der vielseitige Ablativ

Der Ablativ kann je nachdem, mit welcher Präposition oder in welchem Kontext er steht, eine andere Bedeutung haben. Der davorige Text über die Götter enthält bereits zwei besondere Arten des Ablativs...

- *Dei erant propriis ingeniis...*
  „Die Götter besaßen individuelle Eigenschaften".

Wortwörtlich übersetzt lautet es aber „die Götter waren von individuellen Eigenschaften. Der Ablativ schreibt dem Subjekt („Dei") eine Eigenschaft zu und gibt Ausschluss darüber, wie es „beschaffen ist". Dieser Ablativ nennt sich deshalb „Ablativ der Eigenschaft" (qualitatis).

- *Venus (gr. Aphrodite) nota est... + Ablativ*
  „Venus ist bekannt für..."

In diesem Beispiel liefert uns der Ablativ eine Begründung und zwar, warum Venus bekannt ist oder noch besser wofür sie bekannt ist. In diesem Fall heißt er deshalb Ablativ des Grundes (causae).

Und die Liste geht immer weiter...

- Der Ablativ als Ortsangabe (loci)
- Der Ablativ als Zeitangabe (temporis)
- ...

Abitur-Hacks

Meine Anleitung zum Einser-Abitur im Fach Latein

In diesem Kapitel verrate ich dir alle Tricks, die ich angewendet habe, um meine schriftliche Abiturprüfung im Latein Leistungskurs mit Erfolg abzulegen. Auch wenn dein Abitur noch einige Jahre bevorsteht, ist es sinnvoll sich schon frühzeitig damit zu beschäftigen. Die Tipps können ebenso sinnvoll bei bevorstehenden Klassenarbeiten oder Klausuren angewendet werden. Da die Abschlussprüfungen sich von Bundesland zu Bundesland unterscheiden können, kann ich jedoch nur von meinen persönlichen Erfahrungen sprechen. Meinen Abschluss der allgemeinen Hochschulreife habe ich in Hessen erreicht.

Acquisitio - **Recherche**

Das Wichtigste bei der Vorbereitung ist, überhaupt zu wissen, welche Themen in der Prüfung relevant sind und abgefragt werden können. Für das Abitur ist es von Vorteil die letzten Schuljahre einmal insgesamt Revouz zu passieren, da Vieles aufeinander aufbaut.

Wenn die Zeit bis zum Prüfungstermin aber knapp wird, reicht es vermutlich auch aus, sich auf die wesentlichen Themen zu beschränken, die explizit als Abiturrelevant erwähnt werden. Wie ich es kenne, ist es zwecklos die Lehrer nach den Themen zu fragen, es folgt meistens die Antwort „ihr müsst alles können, was wir gemacht haben".

Sind wir mal ehrlich, wie Viele haben überhaupt noch ihre Unterlagen von vor Jahren in ihren Schulordnern? Wir wissen auch garnicht, ob die Lehrer mit uns alle Themen durchgegangen sind. Durch persönliche Vorfälle wie zum Beispiel Krankheit kann es auch sein, dass wir wichtigen Schulstoff durch Nichtanwesenheit verpasst haben. Mein erster Tipp ist deshalb, und ich empfinde diesen als überaus wichtig: Recherchiert im Internet auf der Seite des Kultusministeriums eures Bundeslandes nach den Themen in eurem Abiturjahr. Dort steht schwarz auf weiß aufgelistet, was von euch verlangt wird.

Druckt euch eine Liste mit allen Themen aus und markiert die Überschriften dick und in Farbe. Was mir damals unheimlich geholfen hat, war das Erstellen von übergroßen Mindmaps auf Plakaten. Ich bin ein sehr visioneller Mensch, ich liebe es Sachverhalte in Form von Grafiken darzustellen. Für jedes Vorhaben erstelle ich mir also eine Mindmap, eine Pro- und Contra-Liste oder irgendeine Skizze. Die riesige Mind-Map mit allen Themen habe ich dann über meinen Schreibtisch gehängt, damit ich tagtäglich an meine „To-do Liste" erinnert werde. Genau das gleiche habe ich auch mit meinen anderen Abiturfächern gemacht. Ihr könnt euch garnicht vorstellen, wie schön es dann war, nach der Abarbeitung von einem Thema einen Haken dransetzen zu dürfen. Es war zu Beginn etwas deprimierend zu sehen, wie viel noch vor mir liegt, aber je länger ich diese Liste abgearbeitet habe, desto motivierter wurde ich, die Mindmap vollständig abhaken zu dürfen. Es war zu Beginn etwas deprimierend zu sehen, wie viel noch vor mir liegt, aber je länger ich diese Liste abgearbeitet habe, desto motivierter wurde ich, die Mindmap vollständig abhaken zu dürfen. Am Tag jeder Prüfung habe ich dann die Poster von der Wand genommen und glücklich zerissen.

Falls ihr von meiner absurden Idee nicht allzu sehr begeistert seid, könnt ihr euch auch einen Ordner für jedes Fach anschaffen (habe ich zusätzlich getan) und die Themen dort wie gewohnt abheften. Ihr solltet euch trotzdem irgendeine Erinnerung oder Notiz in Reichweite setzen wie z.B in einem Kalender an der Wand oder einem Post-it, um die Prüfungstermine nicht aus den Augen zu verlieren. Ihr könnt mir glauben, diese Tage bis zur Prüfung vergehen wie im Flug. Bei mir ist es erst zwei Jahre her und ich kann mich kaum mehr an die letzten Wochen erinnern. *Vielleicht habe ich diesen Lernstress auch einfach nur verdrängt.*

Materia - **Lernmaterial**

Wenn ihr die Themen alle beisammenhabt, fängt die Materialfindung an. Geht eure alten Schulunterlagen durch, kramt in den Umzugskartons und versucht, Brauchbares zu finden. Woher weiß ich jetzt, was brauchbar ist? Im Fach Latein sind vorallem eure geschriebenen Altklausuren brauchbar und eure Lernblätter dazu.

Des Weiteren könnten Grammatikaufgaben oder geschichtliche/politische Niederschriften nützlich sein. Ich muss zugeben, dass ich sämtliche Arbeitsblätter aus der Unter- sowie Mittelstufe bereits aussortiert hatte, da ich diese entweder soweit schon beherrschte oder als nicht relevant empfand. Mir blieben nur die Altklausuren und Übersetzungstexte aus dem Leistungskurs-Unterricht.

Für den Theorie-Part schaffte ich mir von Cornelson das perfekte Grammatikheft an, denn in den letzten zwei Jahren vor der Prüfung habe ich peinlicherweise kein einziges Mal die Grammatik wiederaufgefrischt und musste quasi bei Punkt null anfangen.

Ein weiterer Ratschlag von mir ist das Ausleihen oder Kaufen der Vorbereitungsbücher z.B vom Stark Verlag. Ich hatte mir die Versionen der letzten zwei Jahre gekauft und nutzte diese intensiv für die Vorbereitung. Das praktische ist nicht nur, dass dort die ORIGINALEN Prüfungen aufgeführt sind, sondern auch die Musterlösungen, ein Traum für alle Lateiner. Falls ihr vermutet, nicht genügend Material zum Lernen zur Verfügung zu haben, ist es nicht vermeidbar, in die Buchhandlung zu gehen.

Annotare - **Lernzettel verfassen**

Das Besondere im Fach Latein ist, dass ihr mit Lernzetteln nur schwierig weiterkommt. Während ich im Leistungskurs Englisch über fünfzig vollgeschriebene Lernblätter hatte, waren es für Latein nur knapp über zehn Stück.

Das liegt vor allem daran, dass die Übersetzungen den Großteil der Prüfungen ausmachen und du für diese nicht wirklich viel auswendig lernen kannst. Zum anderen, weil nicht allzu viel geschichtlicher Hintergrund gefragt ist, so war es zumindest bei mir. Für Englisch musste ich beispielsweise im Vergleich die komplette Geschichte im chronologischen Verlauf von England, den Vereinigten Staaten und Südafrika kennen. Darüber hinaus haben wir drei Lektüren gelesen, wovon jede Abiturthema war.

Im Lateinunterricht haben wir keine Lektüren gelesen, dessen Inhalt wir auf Abruf wiedergeben müssten. Worauf ich mich beim Auswendiglernen konzentriert habe, waren die verschiedenen Dichter, in meiner Abituordnung vor allem Cicero, Vergil und Seneca. Zu jedem der Autoren habe ich mir also Notizen gemacht. Wer waren die Männer? Was passierte in ihrer Zeit? Wie sah die Politik aus? Was waren ihre Motive für die geschriebenen Werke? Was wollten sie damit erreichen? Neben diesem politschen und geschichtlichen Hintergrund analysierte ich auch, was für ihre Schreibweise typisch war, welche stilistischen Mittel sie oft verwendet haben und was ihre Ansichten waren zum Beispiel in Richtung Philosophie.

Für den Grammatikteil kopierte ich mir die Tabellen mit den konjugierten Verben und den Deklinationen aus einem Buch heraus. Bekannte wichtige Phänomene wie das Participium Coniunctum, der Ablativus Absolutus und der Accusativus cum Infinitivo schrieb ich mir mit Beispielen und Erklärungen separat auf. Dabei waren das meine einzigen handschriftlich verfassten Lernblätter, welche ich in der Vorbereitungsphase für das Abitur angefertigt habe.

Consilium - **Lernplan**

Für meinen Lernplan musste ich zuerst die Zeit berücksichtigen, die mir vor der Prüfung zur Vorbereitung übrigbleibt. Mein Prüfungstermin war auf den 28.04.2020 datiert. Die Winterferien vor dem neuen Schuljahr, der Qualifikationsphase 4 (Q4) bestanden hauptsächlich aus annotare, dem Schreiben der Lernzettel. Für das Fach Latein war dies nicht lebensnotwendig wie bereits erwähnt, jedoch geben mir ausführliche Lernzettel das Gefühl von Sicherheit. Wenn ich wenigstens Notizen zum Thema verfasst habe, muss ich es ja in irgendeiner Weise verstehen, so in der Art.

Heute habe ich realisiert, dass es viel wichtiger ist, den Fokus auf die Übungsphase zu legen. Die Einprägungsphase ist auch sehr wichtig, aber geht Hand in Hand mit dem Praktischen. Wenn ich etwas mehrmals praktiziere wie beispielsweise einen Handstand, werde ich mir die Vorgehensweise durch das Üben besser einprägen können als durch Videos oder Fotos.
Mit den Lernzetteln im Hinterkopf ging es dann ran an den Speck und die Abiturvorbereitungsbücher.
Aus Zeitmangel und dem Grund, dass ich für mehrere Fächer gleichzeitig lernen musste, habe ich die Interpretationsteile in meiner Vorbereitung so kurz wie möglich gehalten, zudem auch meine meisten Fehler in der Übersetzung zu finden waren. In dem Buch, welches ich zur Vorbereitung genutzt habe, gab es in jedem Kapitel jeweils einen Originaltext eines bekannten römischen Dichters wie Ovid, Seneca, Cicero oder Caesar mit einer aus Übersetzungshilfen bestehenden Legende. Im Interpretationsteil sollte dieser Text dann mithilfe einer Musterlösung, die man nach Abgabe der eigenen Übersetzung am Lehrerpult abgibt und nie wieder zu Gesicht bekommt, meistens zuerst zusammengefasst und anschließend nach einer bestimmten Fragestellung analysiert werden.

Die dritte Aufgabe war meist etwas kreativer und forderte das eigene Schreiben heraus.
Ich entschied mich damals für einen Vorschlag von Vergil (wir durften zwischen drei Abiturvorschlägen am Tag der Prüfungwählen). Nach einer ausgiebigen Analyse,
ich erinnere mich tatsächlich nur wage, sollten wir einen Monolog oder eine Rede aus Didos Sicht, gerichtet an Aeneas schreiben. Vermutlich sagt das nur den Wenigsten von euch etwas, wer Dido war. Spätestens beim Auftauchen von Vergil in eurem Curriculum werdet ihr euch mit der Geschichte von Aeneas auseinandersetzen.

Für den Interpretationsteil ist meiner Meinung nach nicht viel Übung notwendig, wenn ihr die Grundstruktur einer Textanalyse verstanden habt. Darüber hinaus ist vor allem die Einprägung geschichtlicher und politischer Geschehnisse zu Lebenszeiten des jeweiligen Dichters gefragt. Das Verfassen des Monologs der Dido fiel mir sehr leicht, weil ich mich in meiner

Vorbereitung auf das Gesamtwerk Vergils konzentriert habe und die weiteren Kapitel in grober Form schon kannte. Den Originaltext, der mir im Abitur vorlag, kannte ich zwar noch nicht, aber ich wusste wie die Geschichte im weiteren Verlauf abläuft und was davor ungefähr geschah. Gleichzeitig liegt mir das kreative Schreiben sehr und ich fand großen Gefallen am „altertümlichen Formulieren".

Kommen wir nun zum Lernplan an sich:
Ich hatte mir vorgenommen, innerhalb von drei Monaten so viele Übersetzungen wie möglich aus dem Vorbereitungsbuch abhaken zu können und zwar unter Prüfungsbedingungen. Ich entdeckte für mich, dass das Üben nur sinnvoll ist und einem etwas nützt, wenn man sich nicht selbst belügt. Wie oft kam es vor, dass ich sofort mein Handy zur Hand genommen habe, um eine mir unbekannte Form im Internet zu googlen und vielleicht gleich den ganzen Satz übersetzt gefunden habe.

Ihr solltet beim Übersetzen auf alle digitalen Hilfsmittel verzichten, denn in der Prüfung stehen diese euch auch nicht zur Verfügung. Ganz traditionell sollte mit Blatt Papier und einem klassischen Wörterbuch wie dem Stowasser gearbeitet werden. Sollte jedoch ein anderes Wörterbuch offiziell zugelassen sein (Langenscheidt oder PONS), dann wird generell vom Stowasser abgeraten (Schülerfreundlichkeit). Dann wird die Uhr gestellt, dabei sollten sich die Minuten nach der Anzahl der Wörter richten. Normalerweise lautet die Regel eine Minute pro Wort, egal wie lang oder kurz es ist.
Nach Ablauf der Zeit solltet ihr vielmehr Aufmerksamkeit auf die Korrektur legen. Mit rotem Stift habe ich jeden Fehler, den ich mit Hilfe der Musterlösung erkannt habe, farbig makiert. Somit habe ich erstmal herausfinden können, wo es in der Grammatik überhaupt hakt und welche Lücken aufgefüllt werden müssen.

Nach jedem übersetzten Text plante ich mir also eine Grammatikstunde von fünfundfünfzig Minuten ein. Die Pomodoro-Technik, das Unterteilen der Lernstunden in Abschnitte mit bestimmten Pausen, half mir sehr, mich zu konzentrieren. Mein liebstes Zeitintervall war fünfundfünfzig Minuten hochproduktive Phase mit anschließenden fünf Minuten Pause. Das Handy war ein absolutes Verbot während der Pause, da ich wusste, dass fünf Minuten am Handy ganz schnell zu fünfzehn oder mehr werden. So ging das Lernen also voran. Stück für Stück tastete ich mich oder vielmehr kämpfte ich mich durch die Übersetzungen durch und zu meiner Überraschung nahm die Anzahl an Fehlern immermehr ab. Auch das Arbeiten mit dem Wörterbuch wurde immer leichter und ich konnte mir viele Vokabeln bereits einprägen.
Den letzten Monat vor der Prüfung widmete ich mich der Einprägungsphase also dem Auswendiglernen. Ich frischte mein Hintergrundwissen mit den Musterlösungen der Interpretationsteile des Vorbereitungsbuches auf.

Ging es beispielsweise in einer Aufgabe darin, die politischen Interesse Caesars aus einem Schriftstück anhand der verwendeten sprachlichen Gestaltungsmittel zu beschreiben, filterte ich die wesentlichen Informationen aus der Musteranalyse heraus und verfasste nochmals Notizen mit in diesem Fall „Caesars politischen Interessen". Auch diese Phase fand allmählich ihr Ende und der Prüfungstag stand vor der Tür.

Dies - **Der Tag der Prüfung**

Die Anspannung war groß, die Freude klein. Das musste die Lateinprüfung sein.
Trotz ausreichender Vorbereitung wird einem das Bauchgefühl immer vorgaukeln, für die Prüfung nicht tauglich zu sein. Die Nacht war kurz und der Morgen hektisch.
Mit meinem Kurs wurden wir dank Corona in einer Sporthalle untergebracht und saßen alle an viereckigen kleinen Einzeltischen, die kaum Platz genug für alle meine Utensilien hatten.
Mit einem Motivationsspruch fing der Lehrer an, die Prüfungsvorschläge auszuteilen und die Anspannung stieg.

Der schlimmste Moment ist der, in dem man wartet, das Blatt umdrehen zu dürfen.
Wie bereits erwähnt, hatten wir zum Glück die Wahl, uns für einen von drei Vorschlägen zu entscheiden. Unser Lehrer gab uns den Ratschlag, alle Vorschläge in Betracht zu ziehen, ohne Beachtung unser persönlichen Dichter-Vorlieben. Und so kam es, dass ich trotz meiner Zuneigung zu den Seneca-Texten als einzige aus meinem Kurs und bestimmt einer der Wenigen in meinem Bundesland den Vergil Text auswählte und mich an die Herausforderung traute.

Wenn ich im Nachhinein darüber nachdenke, hätte das ziemlich in die Hose gehen können. Bis heute frage ich mich, welche Selbstüberzeugung mich bei der Entscheidung gepackt hat, aber ich hatte einfach eine Einfindung, ein komisches Gefühl, welches mich dazu drängte, den Text auszuwählen. Zu meiner Überraschung habe ich schlussendlich die richtige Wahl getroffen, ich hätte bei den anderen Vorschlägen kaum besser sein können.
Was mich davon abgehalten hat, einen der beiden anderen Vorschläge zu wählen, war tatsächlich der Interpretationsteil und die Überschrift der Übersetzungstexte. Obwohl es mir peinlich ist, muss ich zugeben, dass ich bis zu diesem Zeitpunkt nie Gefallen an Politik gefunden habe und ich dementsprechend abgeneigt war, mich politisch zu äußern.

Das lag in erster Linie daran, dass ich keine Ahnung von politischen Systemen und Ordnungen hatte. Zu meinem Pech drehte sich der komplette Interpretationsteil eines Vorschlags nur um die Politik im alten Rom und die von heute, weshalb ich diesen so schnell wie möglich umgedreht und zur Seite gelegt habe. Auch beim letzten Vorschlag war der Interpretationsteil so uninteressant, dass ich nur Wenig mit hätte anfangen können.

Es blieb dementsprechend nur noch der „schwierige" Vorschlag übrig. Wichtig ist, die Zeit, die einem offiziell zusteht, auch bis zur letzten Sekunde auszunutzen. Obwohl ich mit der Übersetzung früher als gedacht fertig war, ging ich alle Sätze in der übrigen Zeit nochmals Stück für Stück durch und tatsächlich konnte ich so einige Fehler nachbessern.

Post Diem - **Nach dem Tag**

Gespannt mussten wir Abiturienten eine Weile auf unsere Ergebnisse warten und ich empfinde solche Phasen des Nichtwissens als reine Folter. Die Überraschung gefolgt von Freude und Tränen traf ein, als mir die vierzehn Punkte in Latein verkündet wurden. Die Erkenntnis packte mich, dass sich die ganze qualvolle Lernerei doch noch gelohnt hat und die komischen Lernmethoden, die ich angwandt habe, wirklich Früchte getragen haben. Was ich bei meinem Abschnitt zum Lernplan aus Selbstschutz nicht erwähnt habe war, eine Selbststudie, zu welcher Zeit ich am besten aufnahmefähig bin und wodurch ich zu dem Ergebnis kam, dass ich jeden Morgen um Punkt fünf Uhr auf den Beinen stehen muss, um nach einer kalten Dusche gleich meine äußerst produktive Lernsession beginnen zu können.

Heutzutage realisiere ich, dass ich all dies auch ohne eine kalte Dusche geschafft hätte. Es geht allein um die Disziplin, jeden Tag etwas für sein Ziel zu unternehmen.

Die ciceronische Sprechweise

Lehre

Ein jeder von uns nahm sich in seinem Leben bereits ein Vorbild. Ob im Kindes-, Jugend- oder Erwachsenenalter, wir Menschen schauen uns die Dinge von anderen ab und versuchen ihre Fähigkeiten zu erlernen sowie deren Verhaltensmuster zu kopieren. So lernten wir beispielsweise die Sprache und das Gehen. Wenn mein Gegenüber etwas kann, was ich toll finde, habe ich das Verlangen, mir diese Eigenschaft anzueignen und es spielt dabei keine Rolle, ob sich dieser Wunsch unterbewusst oder bewusst äußert.

Große Redner in der Geschichte Roms handelten in dieser Hinsicht nicht anders. Oft führte sie die Bildungsreise durch verschiedenste Länder der Welt, da zum einen die Fernkommunikation und somit Bildung abseits von der „Quelle" nicht möglich war, zum anderen lernt es sich besser durch praktische Erfahrung und durch das gesprochene Wort selbst. Bücher und Niederschriften sind die Grundlage zur Aneignung von Wissen, Demonstration die Anleitung zur Anwendung. So reisten also die einflussreichen Politiker Roms so wie Cicero persönlich zu den Gelehrten, um sich von deren Gaben live zu überzeugen.

Heutzutage fällt dieses Angebot leider mager aus. Es wird viel mehr der Fokus auf die psychologische Ebene gelegt, wie wir unser Selbstvertrauen stärken können und aus Folge daraus zu einer besseren Selbstpräsentation fähig sind. Dies spielt für den Vortrag natürlich eine wichtige Rolle, aber die Redekunst ist eine Sache für sich, die einem Vortrag Wirkung verleiht. Auffälig ist, dass die Rhetorik eh und je nur einer Sache bestimmter Berufsgruppen war oder nochvielmehr eher in den „oberen Klassen" verbreitet ist.

Damals waren es die Senatoren, die Konsuln, Prätoren. Heute sind es genauso Politiker und Rechtsanwälte sowie höher gestellte Personen im öffentlichen Bereich. Wozu braucht denn der einfache Mensch die Redekunst? Wen soll er damit beeindrucken, wenn er sowieso nicht vor der Menge spricht und im Alltag das Wort nicht ergreift. Für den einfachen Mensch dient das Wort als Mittel zur Verständigung, für den wichtigen Menschen als Mittel zum Zweck. Ihre Worte müssen ganze Sääle füllen, Emotionen und Begeisterung wecken und das Publikum in eine gewisse Richtung lenken.

Ich bin der Überzeugung, dass ein jeder von den Kenntnissen der Rhetorik profitieren kann. Gespräche werden nämlich immer geführt, mit Eltern, Freunden, Lehrern, Partnern und Arbeitgebern.

Cicero
Tauchen wir also ein in das Gebiet der Rhetorik und nehmen uns ein Beispiel an dessen Bezwinger, Marcus Tullius Cicero. Heute soll es nicht um die Biographie dieser bekannten Persönlichkeit gehen, sondern um seine Talente, die mich fasziniert haben.
Neben seinen politischen Aktivitäten sowie seinen Tätigkeiten als Anwalt sind seine philosophischen Gedankengänge und seine strategisch kluge Vorgehensweise beim Anwenden der Rhetorik für mich am interessantesten.

Aus seinem beruflichen Feld ging hervor, dass Cicero kein Mann von wahrlosen Anschuldigungen ohne festen Boden war. Er selbst sammelte in Massen Beweise für seine angeführten Redepunkte, führte unzählige Schriftstücke auf, berief sich auf das Recht, legte normalerweise als verschlossen geltende Akten den Geschworenen offen vor und ließ seine Zeugen aussagen. Diese Materialfindung ist die erste Schwierigkeit, die einem Redner begegnet. Er kann noch so gut Wort für Wort aneinanderreihen, wenn ihm aber das Wort an sich fehlt, fehlt ihm der Vortrag. Wichtig für die Glaubwürdigkeit der eigenen Positionen sind verifizierte Fakten, von denen der Redner selbst überzeugt ist. Wie sollen ihm die Geschworenen oder das Volk glauben, wenn er nicht selbst an das Gesagte glaubt?

Das sorgfältig gesammelte Material muss nun so ausgefiltert und geordnet werden, dass zusammenhängende Ereignisse hervortreten oder die Zuschauer das Gefühl bekommen, selber den Zusammenhang erkannt zu haben. Allgemein liegt das Ziel in der Bindung der Zuschauer: Sie sollen nicht nur aktiv zuhören, sondern auch aktiv mitdenken.
Wir können unser Wort direkt an die Zuhörer richten, an sie appelieren, sie ansprechen.
Je nach Art der Rede können wir sprachlich eine Verbindung zu ihnen aufbauen. „Meine Brüder und Schwestern", „treue Bürger Roms", „geehrte Zuschauer", merkst du, was für eine unterschiedliche Wirkung diese verschiedenen Ansprachen tragen?

Schon die anfänglichen Worte können darüber entscheiden, wie wohlgesinnt die Zuhörer gegenüber dem Redner sind. Schmeicheleien hört ein jeder gerne, fasse sie damit und achte bloß darauf, dass du sie mit den folgenden Sätzen nicht langweilst!
Die Einführung soll die Menge packen, die Aufmerksamkeit auf dein Wort lenken und die Menschen zum Zuhören animieren. Schaffst du es nicht, ist die Mühe der Vorbereitung dahin, dahin wie dein Ruf.

Selbstdarstellung

Aber wie reiße ich geschickt alle in meinen Bann? Zum einen durch deine Erscheinung, Reden halten ist kein Schönheitswettbewerb, da die Menschen aber zwei Augen und einen voreingenommenen Verstand besitzen, solltest du dich von deiner besten und stärksten Seite zeigen. Nehme eine selbstsichere Haltung an, trete in den Vordergrund und positioniere dich in der Mitte des Geschehens. Deine Füße werden nicht mit Stahlketten festgebunden, also sieh zu, dass du dich bewegst, wenn die Rede dir eine Möglichkeit bietet. Sprichst du eine einzige Person an, bewege dich in ihre Richtung und halte den Blick auf sie gerichtet.

Verwende deine Hände für die Wegweisung derer, die sich nicht jedes Gesicht merken können. Eine Gestik kann mehr sagen als tausend Worte. Überlege dir gut, ob du den Zeigefinger auf eine Person richtest, wenn du von ihr sprichst. Eleganter ist das Benutzen der ganzen Hand zur Demonstration und zum Aufzeigen von Personen.

Dein aussagender Blick niemals auf niedergeschriebene Texte ausgerichtet, soll in der Menge umherschweifen und das Geschehen eingrenzen. Dabei soll sich bestenfalls jeder bemerkt und gesehen fühlen.

Vox

Kommen wir zu deiner Stimme. Deine Stimme ist der Überträger deines Wortes und Überbringer deiner Überzeugungskraft. Im antiken Rom musste die Stimme eines einzigen Mannes gegen den Lärm und alltäglichen Trubel auf dem Forum ankämpfen und jeden bis ins letze Mark erreichen, ganz ohne Mikrofon. Die Lautstärke ist entscheidend, die falsche Auswahl kann sich verherend auf den Ausgang deiner Rede auswirken.

Sprichst du zu leise, besteht die Gefahr garnicht erst gehört zu werden oder fehlende Autorität zu vermitteln. Ein leiser Ton, eine Zurückhaltung spricht oft für fehlende Selbstsicherheit und kann im Zuhörer das Gefühl von fehlenden Kompetenzen des Redners auslösen. Sprichst du zu laut, kann es abschrecken und aggressiv auf die Hörer wirken und folglich ihre Meinung gegenüber dem Redner negativ stimmen.

Zu empfehlen ist das Abwechseln der Lautstärke passend zum Sachverhalt in diesem Moment. Eine ruhige sanftere Stimme würde sich eignen für die Erinnerung an Verstorbene und Themen, die mit Trauer zu tun haben. Eine imposante laute Stimme im Falle der Verärgerung, bei der Vorführung von Verbrechen eines Angeklagten. Genau diese Stimmlage soll den Zuhörer unterbewusst dazu verleiten, die Gefühle des Redners nachzuempfinden.

Rede an Lateinlehrer

Meine verehrten und hoch geschätzten Gelehrten, welche unsere geliebte Sprache des antiken Roms der heutigen Generation vermachen, seht ihr nicht, was sich in den letzten Jahren ereignet hat?

Die Statistiken der Ämter unseres Landes zeigen uns wahrheitsgemäß den Rückgang dieses kulturellen Erbes, die Ablehnung einer so bedeutenden Sprache im jüngeren Kreis.
Mir liegt ein Schriftstück vor, abgesegnet vom Präsidenten des heiligen Bundesamts höchstpersönlich, welches uns dieses Ausmaß klar und deutlich vor Augen führt. Die Zahl der Schüler, die sich für den Lateinunterricht entschieden hat, ist um ein ganzes fünftel in den vergangenen Jahren gesunken. Das macht insgesamt eine Zahl von über Hunterttausend Köpfen aus.

Wie ist es dazu gekommen, dass die Jünglinge nichtmehr von der Kunst und Klasse dieser Tradition profitieren möchten? Liegt es an dem Wandel der Weltanschauungen oder liegt das Problem doch in den Händen unseres Schulsystems?
Wir halten unsere Hände hoch erhoben, loben den Wissensstand unserer Schüler, aber kann sich ein Wissen, das nicht bis in die Antike zurückreicht überhaupt als vollständig behaupten? Ich antworte mit nur einem Wort, nein. Viele von denen, welche ich mit dieser Aussage anklage, werden das Gegenteil behaupten, aber ich spreche weiterhin für nein. Würde mich jemand mit gezogener Waffe zu einer Aussage zwingen, wäre meine Stimme gleichbleibend.

Die Bildung ist das höchste Gut, was uns Menschen bleibt. Seht ihr nicht, was Torheit anrichten kann, wie es unsere Welt, wie sie es heute nicht mehr gibt, gewälttätig zerstört hat mit ihren langen ausgefahrenen Krallen? Habt ihr die Augen bereits verschlossen und den Blick abgewendet, in dieser Hoffnungslosigkeit?
Ich sage es euch, es obliegt jedem einzelnen von uns, Veränderungen zu bewirken. Wir tragen das Wahlrecht für die Möglichkeit, am Weltgeschehen Teil zu nehmen. Und dennoch nutzen sie es nicht. Nur die wenigsten Interlektuellen schätzen die Bedeutung ihrer Rechte und Fähigkeiten. Sie nehmen keinen Gebrauch von dem, was ihnen nützen kann.

Auch ihr, Gelehrte, habt euch eine Fähigkeit und mehrere sogar angeignet. Euer Engagement zugunsten der Gemeinschaft ist nichts weiter als lobenswert. Dennoch kann sogar ein Blinder erkennen, wie hoch euer Anteil am Unheil ist. Die Schüler sehnen sich nach weisen Mentoren die Hände ausstreckend, den Kopf wehleidig nach oben gerichtet. Erinnert euch, Zeit die wir uns nehmen, ist Zeit, die uns etwas gibt! Der Lehrberuf ist nur so lange erfüllend, wie ihr Geduld mit der Schwachheit habt. Ein Raum voller Genies braucht keine Führung, sie haben das Wissen bereits aufgesaugt. Um der Tugend willen sollte nichts höher stehen als die Pflicht, euer Wissen zu teilen.

Ich sage es euch, schon längst hättet ihr vor Gericht stehen können! In dieser Tatenlosigkeit lässt sich auch von dem magersten jungen Anwalt eine Anklage sprechen, mit Erfolg! Wozu sage ich dies? Damit ihr vor Schamgefühl euer Amt abgibt? Den Weg frei macht für Neulinge? Ich sage dies, damit ihr euch bessert. Mögen die Götter euch tadeln und zum Handeln bringen!

Interpretation einer Rede

Im Interpretationsteil einer Prüfung im Fach Latein taucht immer wieder die Aufgabe der Analyse auf, ganz egal ob es sich dabei um einen Staatstext, eine Rede oder ein Gedicht handelt. Beginnend werdet ihr häufig augefordert, den Inhalt kurz wiederzugeben oder in eigenen Worten die Kernaussage darzustellen. Beim Durchlesen der obenstehenden Rede ist die Kernaussage zunächst nicht klar herauszulesen.

In der Zusammenfassung solltest du niemals deine eigene Interpretation miteinfließen lassen. Es geht darum, sachlich und objektiv ohne den Einfluss deiner Meinung, das Gesagte in gekürzter Form widerzugeben. Verwende keine direkte Rede!

Hilfreich ist es, die Zusammenfassung auch nach deiner Einteilung des Textes in Abschnitten zu formulieren. Es ist zwar nicht Pflicht, aber viele Lehrer mögen dies zwecks der Übersichtlichkeit. Ich persönlich fand das langweilige „im ersten Abschnitt", „im zweiten Abschnitt" und so weiter eher lästig und habe die Texte lieber in einem Stück zusammengefasst. Vor allem, da in vielen Texten einzelne Passagen aus verschiedenen Absätzen vom Thema her zusammengehören. Der Verfasser fängt am Anfang der Rede mit einem Punkt an und greift diesen vielleicht gegen Ende wieder auf. Auch ich muss zugeben, dass ich Zusammenfassungen schon immer für knifflig gehalten habe. Es gäbe wahrscheinlich noch hundert weitere Versionen einer Zusammenfassung, die auch richtig wären. Es gibt die Grundregeln, die ich erwähnt habe, und der Rest ist meiner Meinung nach eher schwierig, als richig oder falsch zu deklarieren. Ich muss dich leider damit abspeisen, einfach darauf zu achten, weniger als die Hälfte des Textes wiederzugeben, Unwichtiges rauszulassen, den Konjunktiv zu verwenden und immer schön objektiv zu bleiben. Im Grunde genommen ist es auch nur eine Übungssache.

Mögliche Zusammenfassung

Die vorliegende Rede **„Appell an euch Gelehrte"**, verfasst von Latein ist fein aus dem Jahre 2022, thematisiert die Schuld der Lehrer am Rückgang von Latein an Schulen und dessen Folgen.

Der Redner erwähnt ein Dokument des Statistischen Bundesamtes, das den starken Rückgang von Latein an Schulen um ein Fünftel in den letzten Jahren bezeugen würde.
Er ist der Überzeugung, dass Latein für eine ausreichende Bildung notwendig ist.

Die unzureichende Bildung hätte Schaden angerichtet. Er appeliert an die Eigeninitiative der Zuhörer, für Veränderungen zu sorgen. Sie hätten bestimmte Fähigkeiten und Möglichkeiten und sollten diese nutzen, um die Ordnung wiederherzustellen. Ignoranz ihrer Pflichtverletzung mache die Gelehrten auch zu Schuldigen.

Redeanalyse

Die Rede beginnt wie üblich mit der Information, an wen das Gesagte überhaupt gerichtet ist. Ich appelliere an die Gelehrten und mit einem kleinen Trick der Schmeichelei versuche ich zunächst, ihr Wohlwollen und Sympathie zu gewinnen („meine verehrten und hoch geschätzten Gelehrten"). Wir können natürlich nicht direkt zu Beginn alle Geschosse ausfahren, vor allem weil die Angeklagten keine schwerwiegenden Taten verbrochen haben. Mit einer rhetorischen Frage „seht ihr nicht..." wecke ich dann das Interesse des Zuhörers, löse bei ihm ein Nachdenken aus. Durch das Einsetzen dieses Stilmittels soll dem Publikum vorgegaukelt werden, sie wären sich von allein des Problems bewusst geworden und der Redner erinnere sie bloß an die Tatsache.

Da Cicero ein schlagfertiger Anwalt war, fand er großen Gefallen am Beweisen seiner angeführten Punkte durch das Vorlegen von Niederschriften mit verifizierten Zahlen und Fakten. Ganz nach „ciceronischer Art" habe ich also meine Zahlen im zweiten Abschnitt erwähnt. Natürlich entspricht die Behauptung, ich hätte ein Schriftstück als Beweismittel vorliegen, persönlich abgesegnet, nicht der Wahrheit. Cicero hätte aber für eine solche Rede seine Kontakte spielen lassen und sich so ein verifiziertes Schriftstück besorgt, welches für sich allein schon Aussage genug ist. Er hätte sich auch nicht davor gescheut, es in der Luft herumzuwedeln und jedem Zweifelnden dicht unter die Nase zu halten. Punkt ist, dass durch die Sachlichkeit auch die schlimmsten Anhänger der Vernunft und des Anzweifelns besänftigt werden. Vielleicht sind diese schlau genug, nicht allein vom Wort überzeugt zu werden, aber die Zahlen und die damit verbundene Realität können sie nicht verleugnen.

Darauf folgen erneut zwei rhetorische Fragen: „Wie ist es dazu gekommen, dass die Jünglinge nichtmehr von der Kunst und Klasse dieser Tradition profitieren möchten?" und „Liegt es an dem Wandel der Weltanschauungen oder liegt das Problem doch in den Händen unseres Schulsystems?". Erneut werden die Zuhörer zum Nachdenken aufgefordert, diesmal gebe ich ihnen die Wahl zwischen zwei logischen Begründungen für das aufgeführte Problem, des Rückgangs der Lateinlehre. Mit den folgenden Zeilen tendiere ich dann in Richtung, „das Problem liegt in den Händen unseres Schulsystems und sogar direkter ausgedrückt, in den Händen der Lehrer selbst". Falls sich das Publikum trotzdem denkt, sie halten den erst genannten Grund für wahrscheinlicher, müssen sie eigenständig Argumente aufbringen. Aber soweit soll es garnicht kommen, da der mutige Redner versucht, sie schon im Moment des Redens zu überzeugen und nicht erst im Nachklang, auf dem Nachhauseweg.

Wenn wir den nächsten Satz betrachten, fällt auf, dass „die Hände" mehrmals in der Rede Gebrauch finden. Auch Cicero arbeitete häufig mit einfachen Metaphern, da sich im Publikum nicht nur Senatoren, sondern auch das ungebildete Volk befand. Die Verwendung von Motiven aus dem Alltag des einfachen Menschen ist bereits in der Bibel zu finden.

Jesus soll in Gleichnissen gesprochen haben, damit seine Anhänger das Gesagte besser aufnehmen können. So wurde zum Beispiel die Saat oder ein Korn als Sinnbild verwendet, als Metapher für das Wort Gottes oder den Glauben. Mit „hoch erhobenen Händen" soll bildlich der Widerspruch untermalt werden, die Überzeugung den höchsten Grad an Bildung in der Gesellschaft erreicht zu haben, obwohl es ein Defizit gibt und zwar den Rückgang von Latein an deutschen Schulen.

In den folgenden drei Sätzen wird meine Überzeugung klar in den Vordergrund gestellt. Drei mal wird ein Geständnis abgelegt, welches die vorher gestellte rhetorische Frage ein für alle Mal beantworten soll. Wichtig ist, dass der Sprecher bei einer rhetorischen Frage keine Antwort hören möchte. Er kennt die Antwort. Und die Frage soll so gestellt werden, dass die Antwort ganz klar im Raum steht. Durch die Übertreibung „würde mich jemand mit gezogener Waffe zu einer Aussage zwingen, wäre meine Stimme gleichbleibend" signalisiere ich allen Anwesenden, dass ich sogar mein Leben für die Sache hingeben würde. Kein Mensch würde dies tun, wenn er nicht voll und ganz von sich und seiner Sache überzeugt ist. So eine große Überzeugung kann schon die halbe Miete ausmachen und zeigt auch von Treue und Pflichtbewusstsein.
Cicero selbst stellte sich in seinen Reden immer als pflichtbewusster Römer dar, der für das Volk und für die Gerechtigkeit kämpft. Nichts war ihm wichtiger, als das Unrecht aus der Welt zu beseitigen, so hörte es sich zumindestens in seinen Reden an. Natürlich fehlte von Egoismus und Feigheit in seinem Wort jede Spur. Man könnte meinen, er sei jederzeit tugendhaft bereit, sich für den römischen Staat und das Wohlergehen zu opfern.

Die Folgen des fehlenden Mangels an Bildung sollen schrecklich sein („mit ihren langen ausgefahrenen Krallen"). In dieser Hinsicht hätte Cicero erneut Beweise parat, wie sich die Welt denn nun verändert hat. Er hätte vermutlich glaubenswürdige Zeugenaussagen, die unter Tränen herzenszerreißend davon berichten würden, was ihnen Schlimmes erfahren sei. Der große Redner hätte auf der Bühne selbst sein ehrliches Mitgefühl gezeigt, denn Gewalt und Tod schreckten ihn ab.
Neben den Händen wird hier ein weiteres Körperteil genannt, die Augen. Mit der Frage „Habt ihr die Augen bereits verschlossen und den Blick abgewendet, in dieser Hoffnungslosigkeit?" soll einzig und allein die Ignoranz gezeigt werden, mit der die Lehrer dem Problem entgegenblicken (wieder eine Metapher, jetzt sogar unbewusst von mir verwendet).
Da Cicero ein Politiker war, durfte natürlich die Bedeutung und Relevanz politischer Angelegenheiten in keiner Rede fehlen. Vielleicht hätte er auch in diesem Punkt, wie ich es getan habe, das Wahlrecht angeführt, um die verherenden Folgen zu zeigen, welche entstehen können, wenn wir von unseren Rechten keinen Gebrauch nehmen. Mit Hinblick auf die Wahlen könnte das bedeuten, dass durch Nichtwählen „Tyrannen" an die Macht gelangen.

In puncto Latein wäre die Folge zum Beispiel Dummheit, welche auch zu schwerwiegenden Fehlern führt. Zum Beispiel könnte ein schlauer Zuhörer hier einen Zusammenhang sehen: Da in der Antike ehrenhafte Werte vermittelt wurden, die auch mit der Beteiligung in der Politik zu tun hatten, könnte einer vermuten, dass allein durch das Verlorengehen dieser „römischen Werte", die Menschen beispielsweise die Politik für bedeutungslos halten.

Versteht ihr die Logik dahinter? Ich führe ein Beispiel an, was an sich nicht viel mit der Kernaussage zu tun hat, aber beim genaueren Nachdenken, fällt auf, dass das Beispiel ein weiterer Beweis sein kann, um meine These zu kräftigen.
Die schmierigen Schmeicheleien werden wieder angewendet für das „lobenswerte Engagement" der Gelehrten, an die sich die Rede wendet. Nur damit ich im nächsten Teil wieder meinen Angriff ausüben kann. Durch die Antithese, ein Widerspruch von zwei gedanklich entgegengesetzten Wörtern, „dennoch kann sogar ein Blinder erkennen", soll verdeutlicht werden, wie offensichtlich die Schuld der „Angeklagten" ist. Folglich brauche man nicht mal ein Paar Augen, um zu erkennen, was hier vor sich geht und wer die Schuld trägt.

Des Weiteren habe ich ein bekanntes lateinisches stilistisches Mittel angewendet, um die Sicht der Schüler zu beschreiben. Bei der sogenannten Klimax (ja, es heißt die Klimax) bilden die Bestandteile der aufgezählten Aspekte eine Steigerung. Je nach Ansicht kann es sich um eine positive Steigerung nach oben handeln wie er kam, sah und siegte oder eine negative abfallende Steigerung wie die Großeltern, die Eltern, die Kinder.
Die Intensität der Aussage wird stufenartig erhöht, dem Zuhörer soll hier vor allem die Verzweiflung und Hoffnungslosigkeit der Lateinschüler gezeigt werden. Zuerst wünschen sie sich nur die Hilfe und einen guten Unterricht, wie es jeder Schüler tut („Die Schüler sehnen sich nach weisen Mentoren", dann strecken sie die Hände aus, wollen eine helfende Hand ergreifen, was wieder als Metapher gilt und zum Schluss richten sie den Kopf sogar wehleidig nach oben, was an die Götter gerichtete flehentliche Bitten erinnern soll.

Unterbewusst soll hier die Machtposition hervorgehoben werden, die Lehrer in ihrem Beruf ausüben. Sie allein können in gewissem Maße über die Zukunft ihrer Schüler entscheiden, je nachdem wie ihre Benotung ausfällt. Und wie wir ja wissen, ist die Benotung natürlich zum großen Teil das Ergebnis von Eigeninitiative und Disziplin des Schülers. Meiner Meinung nach ist dieser Glaube aber fraglich, denn wir Schüler besuchen nicht umsonst den Unterricht tagtäglich, nur um das Gesagte in unserer Freizeit aufzuarbeiten, weil es den Lehrern entweder an Kompetenzen fehlt oder sie schlichtweg keine Lust haben, Mühe und Arbeit in das Unterrichten zu investieren.
Die Lehrer sollen also ironisch mit Göttern verglichen werden, welche die flehentlichen Bitten ihrer Untertanen nicht erhören.

Ein weises Sprichwort soll die Lehrer nun ermutigen, sich an ihren Bildungsauftrag zu erinnern. Zunächst erscheint auch dieser Satz wie eine Antithese („Zeit die wir uns nehmen, ist Zeit, die uns etwas gibt"), aber aus dem Deutschen kennen wir das Phänomen des Gebens und des Nehmens. In der Biologie wird dies Symbiose genannt. Es beschreibt die Zusammenarbeit von zwei Organismen, welche voneinander profitieren. Zum Beispiel säubert eine Vogelart namens Madenhacker Tiere von schädlichem Ungeziefer und verwertet diese gleichzeitig als eigene Mahlzeit.

In dem Satz aus der Rede wird zwar gesagt, dass durch das „richtige" Unterrichten viel Zeit verlorgen geht beziehungsweise die Lehrer sich Zeit nehmen müssen, welches auch mit Aufwand verbunden ist. Auf der anderen Seite ist diese Zeit aber nicht verloren, sie wird investiert. Zum einen, weil man die Schüler bereichert und ihnen zu besseren Noten und folglich mehr Motivation verhelfen kann, aber zum anderen für die persönliche Erfüllung. Wüssten die Schüler bereits alles, wären die Lehrer quasi überflüssig. Es ist deren Aufgabe und auch das, worauf sie in ihrem Studium vorbereitet werden, vor allem die Schwächeren in der Klassengemeinschaft zu berücksichtigen und zu fördern. Und genau dies sagt der Teil der Rede aus „Der Lehrberuf ist nur so lange erfüllend, wie ihr Geduld mit der Schwachheit habt. Ein Raum voller Genies braucht keine Führung, sie haben das Wissen bereits aufgesaugt."

Nach diesem Hammer geht es weiter mit einem Appell an die Tugend, die Sittlichkeit oder Moral der Gelehrten („Um der Tugend willen sollte nichts höher stehen als die Pflicht, euer Wissen zu teilen."). Und dann weiter mit einer versteckten Drohung („Ich sage es euch, schon längst hättet ihr vor Gericht stehen können! In dieser Tatenlosigkeit lässt sich auch von dem magersten jungen Anwalt eine Anklage sprechen, mit bestem Erfolg!"). Wenn der Angeklagte sich bis jetzt noch für unschuldig gehalten hat, dann wird er seine angebliche Schuld spätestens jetzt spüren.
Der Redner selbst droht nicht an, den Angeklagten hinter Gitter zu stecken, er will ihn angeblich nur warnen, was passieren kann und zwar mit hoher Wahrscheinlichkeit („...lässt sich auch von dem magersten jungen Anwalt eine Anklage sprechen, mit bestem Erfolg!"), wenn er sein Verhalten nicht ändert.

Der Redner ist ja anscheinend dem Angeklagten in der Theorie wohlgesinnt, er hat den Gelehrten sogar Schmeicheleien gemacht. Das Einzige, was in seinem Interesse stehen würde, sei die Wiederherstellung der Tradition, Zucht und Ordnung („Damit ihr eure Moral wiederherstellen könnt"). Die Intention des Anklagenden ist nicht zum Beispiel aus persönlichen Gründen der Streitigkeit, die Angeklagten aus ihrem Amt zu entheben, er stellt sich lieber wie ein treuer Römer dar, der sich für das Allgemeinwohl der Bürger und für die armen Schüler einsetzt. **Ganz im Cicero-Style.**

Den krönenden Abschluss bildet der Aufruf an die Götter. Ein Mensch kann noch so viel Drohungen aussprechen, die Römer aber würden den Zorn der Götter immer mehr fürchten.

Und das allein, meine lieben amici, war nur die Analyse der Rhetorik.
Sicher habe ich einige stilistische Mittel übersehen, obwohl ich selbst Verfasser der Rede bin. Was ich unmittelbar daraus gelernt habe, ist, wie unterbewusst wir beim Schreiben rhetorische Mittel verwenden. Mein Kopf formt ganz von allein Sätze mit Metaphern, ohne dass ich darüber nachdenke. Einfach aus dem Grund, dass es für mich logisch klingt.

Diese Erkenntnis lässt mich daran zweifeln, ob die Redner jener Zeit überhaupt bewusst jedes Stilmittel in ihrer Wirkung durchdacht und mit Plan eingesetzt haben. Fakt ist, es ist unheimlich leicht, unzählige sprachliche Auffälligkeiten zu erkennen und ihre Bedeutung zu interpretieren. Fast immer zieht der Satz, „das rhetorische Mittel wurde verwendet, um ... zu verdeutlichen/ hervorzuheben/ zu unterschreichen.

Cheatcode: Rhetorische Mittel

Mit denen du jeden Lateinlehrer beeindrucken kannst

Name	Erklärung	Beispiel
Personifikation	Etwas wird sprachlich zur Person gemacht.	Der Computer spielt verrückt.
Metapher	Bildliche Darstellung	Nicht mehr alle Tassen im Schrank haben.
Alliteration	Wörter fangen mit dem selben Buchstaben an	Mit Macht mögen manche Mächtige meinen, Morde rechtfertigen zu dürfen.
Anapher	Wiederholung eines Wortes am Satzanfang.	Viele mögen Wein. Viele mögen Saft.
Klimax	Steigerung, häufig dreistufig in Kombination aus Trikolon und Klimax	Er schwieg, er sprach, er schrie.
Antithese	Gegenüberstellung von Gegensätzen	Die Ruhe vor dem Sturm.
Polyptoton	Aneinanderreihen von Sätzen ohne Konjunktionen mit einschlagender Wirkung	Wenn keiner mehr lernt, arbeitet, putzt, gibt es Chaos.
Chiasmus	Spiegelverkehrter Satzaufbau im zweiten Glied	Mit Salz gewürzt, abgeschmeckt mit Pfeffer.
Ellipse	Fehlen eines Satzteiles, oft des Prädikats	Ohne Fleiß (gibt es) kein(en) Preis!
Hendiadyoin	Zwei gleichbedeutende Begriffe werden als Betonung verwendet	Mit Motivation und Eifer ist sie bei der Sache.

Name	Erklärung	Beispiel
Homoioteleuton	gleiches Ende bei mehreren Wörtern, die hintereinander stehen	Mit viel**en** Hund**en** spiel**en**
Hyperbaton	Trennung von zwei zusammengehörenden Wörtern durch einen Einschub	Mit einer **bunten**, mit Erinnerungen vollgepackten **Kiste** in den Händen lief sie die Treppen hoch.
Hyperbel	Übertreibung	Ich habe dich tausend Mal angerufen!
Ironie	Verstellung, Witz	Fast wie eine Maus stampfte er mit seinen Jagdstiefeln durch die Bude.
Litotes	Betonung durch Verneinung des Gegenteils	Er war nicht faul. (Er war fleißig)
Parallelismus	Gleiche Satzstrukturen	Er hörte nichts, er sagte nichts.
Polyptoton	Wiederholung eines Wortes in einer anderen Flexionsform	Zu dem Gesagten sagte ein Wahrsager...
Rhetorische Frage	Scheinfrage, auf die man keine Antwort hören will	Was gibt es besseres als Feierabend?

Übung zur Verinnerlichung der Stilmittel
Arbeite mindestens drei rhetorische Mittel aus dem Absatz raus und erkläre ihre Wirkung!

Valeria packt zügig ihr Schulheft und das Lehrbuch in den Ranzen, während die Schulglocke laut durch das Klassenzimmer hallt. Die vierzehn Tage bis zu den Winterferien sind der letzte Marathon des Jahres. Weihnachten rückt immer näher und auch die Temperaturen wandern in den Keller. Aber die Schüler sind es ein jedes Jahr aufs Neue gewöhnt. Die eisigen Temperaturen, das frühe Aufstehen, der Klausurenstress... All das raubt einem die Freude aufs Fest. Könnte man all dies nicht verhindern? Die Klausuren besser verteilen und so den Schülern genügend Zeit gewähren, sich ausreichend vorbereiten zu können?

Den „Klassenarbeiten-Schwung" beendet Valeria dieses Jahr mit der besorgniserregenden Lateinklausur. Trotz der Angst weiß sie, dass sie nach der Prüfung zum ersten Mal seit langem wieder einen Gang runterfahren kann. Über die Ferien wird sie wohl kaum mehr an die Ergebnisse der abgelegten Prüfungen denken.

Prof. Dr. med. Lateinus

Meine Anleitung zum Einser-Abitur im Fach Latein

Wie ich zu Anfang dieses Buches bereits erwähnt habe, gehört neben meiner Liebe zu Latein eine noch viel größere Leidenschaft. Die Medizin und noch genauer, die Zahnmedizin. Seit meinem Abitur 2020 strebe ich ein Zahnmedizinstudium an und kämpfe auf der Rangliste der Universitäten um einen Studienplatz (und das seit zwei Jahren).

Natürlich habe ich diese „Wartezeit" sinnvoll genutzt und habe mich fortgebildet. Mit einem dreimonatigen Praktikum im Operationssal der orthopädischen Fachabteilung sowie einer abgeschlossenen Berufsausbildung zur zahnmedizinischen Fachangestellten habe ich mir sowohl in der Allgemeinmedizin als auch in der Zahnmedizin viel Wissen aneignen können, welches ich natürlich mit euch teilen möchte.

Wie oft sitzen wir bei unserem alteingesessenen Haus- oder Zahnarzt und werden mit lateinischen Bezeichnungen für unsere Krankheiten und Symptome belästigt. Für einen Laien ohne Erfahrung im medizinischen Bereich eine furchtbare Vorstellung, da sich diese lateinischen Wörter auch gleich doppelt so schlimm anhören. Um euch auf diesen schlimmen Erlebnissen vorzubeugen, geht es in diesem Kapitel um relevante medizinische Begriffe, die auch ein Laie wissen kann.

Übung:
Ordne den untenstehenden Sätzen von eins bis fünf die entsprechenden fettgedruckten lateinischen Bedeutungen zu! *Diabetes mellitus, Anus, Abdomen, Axilla, Angina*

1) Bei älteren Herren wird dieser nach jedem Bierchen immer größer:

____

2) Der beste Ort für dein Deo:

____

3) Ein Ort, der nur wenig Sonne sieht:

____

4) Wenn deine Mandeln stärker geschwollen sind als deine Augen nach der Lateinarbeit:

____

5) Die Folge, wenn nicht nur du, sondern auch dein Essen zuckersüß ist:

____

Ergebnis:
Ein Satz richtig= Du weißt, dass wir Menschen atmen.
Zwei Sätze richtig= Du erkennst Blut an dessen Farbe.
Drei Sätze richtig= Du kannst ein Pflaster richtig aufkleben.
Vier Sätze richtig= Du bist Medizinstudent im letzten Semester.
Fünf Sätze richtig= Qualifizierter Prof. Dr. med. Lateinus

Fun Fact:
Der medizinische Krankheitsbegriff „Diabetes mellitus" setzt sich zusammen aus dem griechischen Wort „διαβήτης (diabêtes)", was so viel wie „Durchfluss" bedeutet. Das Wort „mellitus" stammt aus dem Lateinischen und heißt „honigsüß". Warum nannte man also eine Krankheit „honigsüßer Durchfluss"? Ganz einfach, Diabetes mellitus wurde damals, als die Medizin noch nicht so fortgeschritten war wie heutzutage, von den Ärzten per Geschmacksprobe diagnostiziert. Schmeckte oder roch der Urin süßlich, litt der Patient an der Zuckerkrankheit.

Das wars mit dem Warmwerden. Jetzt beschäftigen wir uns mit den einzelnen Körperteilen des Menschen, da diese auch häufiger in den Übersetzungstexten erscheinen.

Aufgabe:
Suche aus dem Wörtersalat die lateinischen Begriffe für die Körperteile des Römers heraus! *Femur, Capillus, Dens, Labia, Pelvis, Oculus, Dorsum, Pes, Manus, Crus, Nasus, Hepar, Palatum, Auris, Frons, Digitus, Caput*

1) ________________________________ (=Kopf)

2) ________________________________ (=Finger)

3) ________________________________ (=Hand)

4) ________________________________ (=Auge)

5) ________________________________ (=Nase)

6) ________________________________ (=Lippe)

7) ________________________________ (=Fuß)

8) ________________________________ (=Haar)

9) ________________________________ (=Ohr)

10) ________________________________ (=Bein)

Falls dir diese Aufgabe aufgrund fehlender Vokabelkenntnisse schwerfällt...
Ein kleines Gedicht mit versteckten Hinweisen-

Ist auf dem Reifen zu viel Druck, geht er **kaputt.**
So kann sich dein Kopf nicht alles merken, wir müssen unser Gehirn stärken.
Keiner will noch Papier zum Schreiben, wir müssen alles **digital** *vorzeigen.*
Wir sparen uns die Schmerzen, die unsere Finger beim vielen Schreiben bescherzen.
Lieber **Manufaktur** *statt Müllabfuhr.*
Handgefertigt ist von höchster **Q***ualität, bloß kein „mit Sekundenkleber geklebt".*

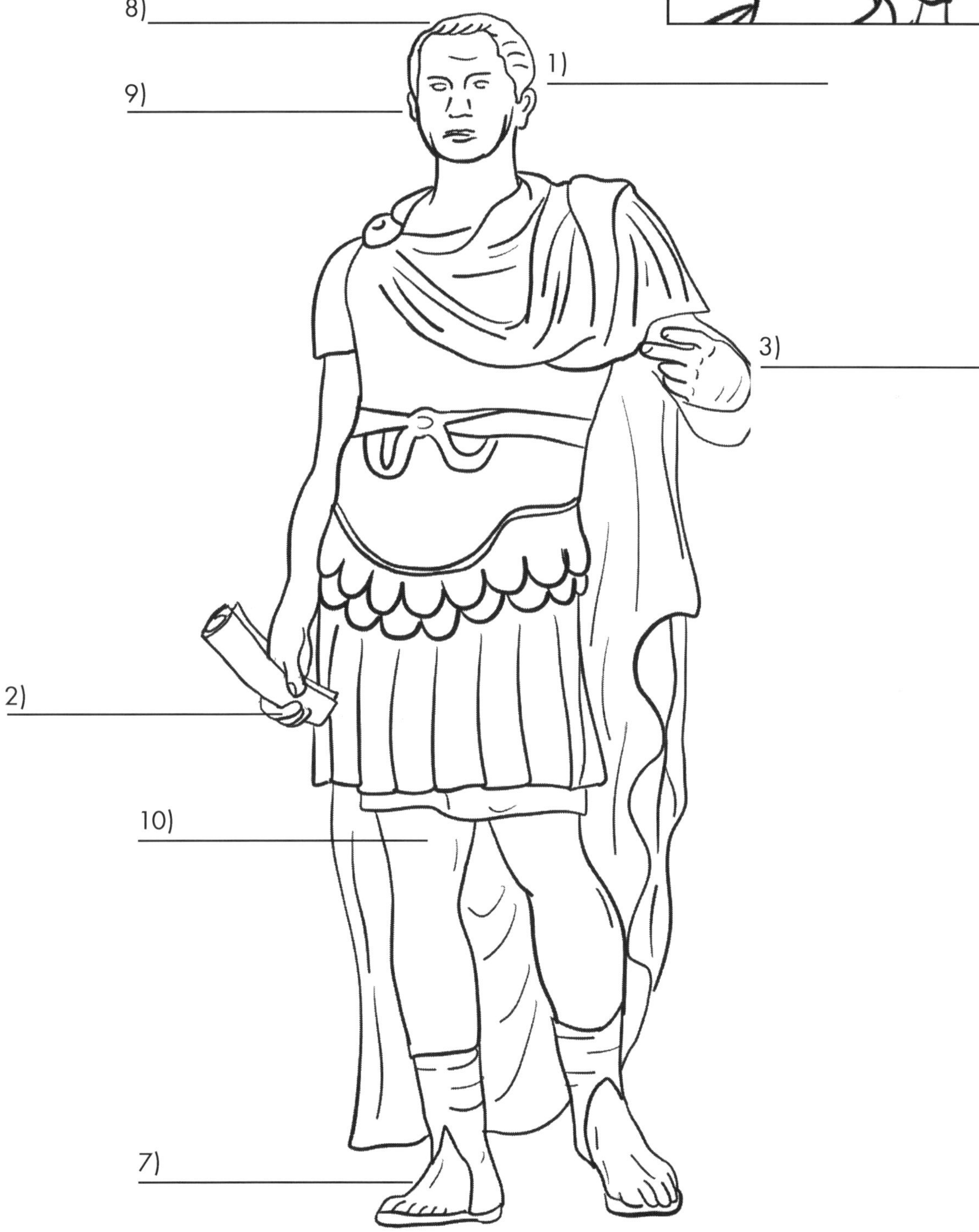

4)
5)
6)
8)
1)
9)
3)
2)
10)
7)

Philosophie

Fangen wir an mit einer Selbsteinschätzung. Im Folgenden werde ich dir einige Fragen stellen inklusive Antwortmöglichkeiten. Entscheide dich für eine. Am Ende soll sich herausstellen, welche philosophischen Ansichten du vertrittst.

1. Ich war schonmal Klassensprecher/-in.

a) Ja (1P.)
b) Nein (2P.)

2. Ich betätige mich in der Schülervertretung oder wirke freiwillig bei Projekten mit, die etwas mit der Schule zu tun haben.

a) Ja (1P.)
b) Nein (2P.)

3. Ich interessiere mich für das Wahlprogramm und versuche politisch so gut wie möglich auf dem Laufenden zu bleiben.

a) Ja (1P.)
b) Nein (2P.)

4. Ich gehe wählen.

a) Ja (1P.)
b) Nein (2P.)

5. Ich bin Mitglied/ engagiere mich bei wohltätigen Organisationen.

a) Ja (1P.)
b) Nein (2P.)

6. **Ich nutze meine Freizeit gerne, um anderen Menschen zu helfen wie der Famile, Freunden oder Nachbarn.**

a) Ja (1P)
b) Nein (2P.)

7. **Ich verbringe meine Freizeit größtenteils alleine und kümmere mich um mich selbst, weil mich andere oft nerven.**

a) Ja (2P.)
b) Nein (1P.)

8. **Ich liebe es, Geld für teure Kleidung, elektronische Geräte oder Schmuck auszugeben.**

a) Ja (2P.)
b) Nein (1P.)

9. **Ich versuche mit meinem Geld ordentlich umzugehen und lege mir Ersparnisse an.**

a) Ja (1P.)
b) Nein (2P.)

10. **Ich liebe große Menschenmengen und suche die Gemeinschaft.**

a) Ja (1P.)
b) Nein (2P.)

11. **Ich ziehe mich lieber zurück und genieße die Zeit allein.**

a) Ja (2P.)
b) Nein (1P.)

12. **Meinen Freunden- und Bekanntenkreis halte ich aus eigener Überzeugung eher klein.**

a) Ja (2P.)
b) Nein (1P.)

13. Ich denke viel an die Zukunft und versuche alles Mögliche zu planen.

a) Ja (1P.)
b) Nein (2P.)

14. Ich lasse die Dinge lieber auf mich zukommen und nehme sie so hin wie sie sind.

a) Ja (2P.)
b) Nein (1P.)

15. Ich hätte lieber ein kurzes aber erlebnisreiches Leben als ein langes mit weniger Spaß.

a) Ja (2P.)
b) Nein (1P.)

16. Ich bin ein Genießer. Ich liebe gutes Essen, gute Musik, gute Filme.

a) Ja (2P.)
b) Nein (1P.)

17. Ich habe keine hohen Ansprüche. Solange ich etwas zu Essen und ein warmes Zuhause habe ist alles gut.

a) Ja (1P.)
b) Nein (2P.)

18. Ich lebe nach dem Motto YOLO.

a) Ja (2P.)
b) Nein (1P.)

Auflösung:
Zähle die Punkte deiner Antworten zusammen. Liegst du bei über siebenundzwanzig Punkten, gehörst du zu den Epikureern. Bei unter siebenundzwanzig folgst du mit deinen philosophischen Ansichten der Stoa.

Stoa und Epikuur im Vergleich- zwei unterschiedliche Verständnisse von Lebenssinn, Moral und Tugenden

Philosophia

Auch die Philosophie des antiken Roms basierte auf den Ideologien kluger grieschicher Köpfe. Das Gedankengut der Stoa vermittelt nach meinem Verständnis die Unwichtigkeit von materiellen Faktoren im Leben. Lebenszufriedenheit wird dementsprechend nicht durch Reichtum, Macht oder Ansehen erreicht. Vielmehr ist es wichtig, sein Leben der Tugendhaftigkeit zu widmen. Als Anhänger der Stoa gelten Marcus Tullius Cicero sowie Lucius Annaeus Seneca.In seiner Rolle als Politiker, Anwalt und sogar Konsul stand für Cicero das politische Engagement zum Nutzen der Gesellschaft an erster Stelle. In seinem Werk „de officiis" bezieht er sich konkret auf die Pflichten und Tugenden, die er vertritt.

Nach dem Verständnis der Moderne wären eben die Menschen als Anhänger der Stoa oder „Stoiker" einzustufen, die ihren Lebenssinn, ihre Erfüllung im Bereich der Tätigkeiten für die Gesellschaft finden. Dazu gehört natürlich politisches Wirken, angefangen bei der Bereitschaft zum Wählen, der Unterstützung der Kommunen oder sogar dem Kandidieren für ein politisches Amt. Nicht jeder kann Bundeskanzler/-in werden -ganz klar. Aber allein der Wille, politisch eine Veränderung durchzusetzen, die nicht nur aus eigenem Egoismus erfolgt, spricht für mich für stoistisches Gedankengut. Auch wenn Reichtum und finanzielle Sicherheit sicherlich ein weit verbreitetes Lebensziel ist, sollen die Stoiker versuchen, Lebenszufriedenheit auch ohne vergängliche Dinge zu erreichen.
Ich bewundere die Menschen, die trotz finanziellen Einbußen ihrer Leidenschaft nachgehen, die sich weiterhin der Forschung und Bildung widmen, auch wenn ihnen die Mittel ausgehen.

Geld genauso wie Schönheit, Gesundheit, Macht und Ansehen ist vergänglich. Wir können jämmerlich versuchen uns an diese Dinge zu klammern, aber sie werden uns so schnell entrissen, wie wir sie erlangt haben. Wenn wir vehement versuchen, gegen den materiellen Verlust anzukämpfen, werden wir früher oder später die Verzweiflung spüren, da wir als Menschen machtlos sind. Deshalb empfiehlt die Stoa sich von diesen „Ablenkungen" loszulösen und sich der Gemeinschaft zu widmen.

Nach Epikuur ist ein Leben in Zurückgezogenheit dem politischen Leben vorzuziehen, um Unruhe zu verhindern. Im Vergleich zur Stoa soll der Mensch nach der Lust und nicht nach den Tugenden leben, um Glück und Lebenszufriedenheit zu erreichen. Dabei wird die Lust („voluptas") seit eh und je missverständlich verpöhnt. Die Epikureer streben genauso wie die Stoiker eigentlich keinen Überfluss an materialistischen Dingen an, sondern die Lust bezieht sich in erster Linie auf das Fehlen von Schmerz und Leid.

Der Epikureer möchte ein Leben führen, in dem er alles hat, was er braucht. Ein Leben, in dem er keinen Hunger oder Durst spüren muss. Aber er soll seine Entscheidungen so treffen, dass er jegliches Unheil von sich abwenden kann. Dazu zählt auch keine romantischen Verbindungen einzugehen, nicht in die Öfffentlichkeit zu treten, etc.

Wenn man es also genau nimmt, fällt einem beim Vergleich beider philospohischen Strömungen auf, dass diese sich in vielen Punkten ähneln. Beide haben als Ziel die Lebenszufriedenheit, welche aber auf unterschiedliche Art und Weise zu erreichen sein soll.

Pro Latein

Falls du dich wieder rechtfertigen musst, Lateiner:in zu sein...

1. Latein ist eine sehr alte Sprache mit tiefliegendem geschichtlichem Hintergrund. Sie hat also ein hohes Ansehen vor allem bei Damen und Herren im fortgeschrittenen Alter (meine Oma war begeistert).

2. Falls du beruflich eine Karriere in der Medizin einschlagen möchtest, hast du mit Latein definitiv einen Vorteil, da die Anatomie des Menschen mit ihren Knochen, Muskeln, Fasern auf Latein gelehrt wird.

3. Dir wird es leichter fallen andere Sprachen im europäischen Raum zu lernen. Du wirst es nicht glauben, aber manche Wörter im itallienischen wurden komplett aus dem Lateinischen übernommen.

4. Im lateinischen Satz hast du keine schwierigen Artikel. Der, die, das ist Schnee von gestern.

Italienisch Exkurs

Na klingen diese Wörter bekannt?
l` amico, vivere, navigare, bene, male, forte, difficile

5. Du musst die Sprache im Unterricht weder fließend sprechen noch schreiben können. Essays über deine Ferien zu schreiben, steht also nicht auf dem Programm.

6. Es gibt keinen schwierigen Akzent, den man perfektionieren muss, um einheimisch zu klingen. Dass wir Lateiner nicht einheimisch sind, ist eigentlich jedem bewusst. Das einzige Sprachproblem, was unter Lateinern häufig eine Diskussion anzettelt, ist die Frage, ob es nun ei oder ä ausgesprochen wird (ihr wisst worum es geht).

7. Du wirst viele Fremdwörte nur durch deine Vokabelkenntnis herleiten können Im Geschichts- oder Politikunterricht kann dies dir zugunsten kommen (oder auch nicht).

8. Die Sprache begegnet uns im Alltag, wir wissen es nur nicht. Viele Markennamen wie zum Beispiel Nivea oder Audi haben sich am lateinischen Wörterbuch bedient.

Auf welche Gegenargumente du dich bereitmachen kannst und wie wir Lateiner kontern können...

„Latein ist eine tote Sprache, warum lernt man sowas überhaupt."

Nur weil etwas nicht mehr lebt, ist es nicht unwichtig geworden
(Um Streit zu vermeiden, verweise hier bitte nicht auf verstorbene Familienangehörige der Person).

„Ihr könnt nichtmal einen Satz sagen"

Müssen wir auch nicht (weil die Sprache eh tot ist ;-)). Wie siehts denn bei euch aus?
Wie viele Aufsätze musstet ihr schon schreiben dieses Jahr?

„Latein ist total uncool, kaum einer wählt es freiwillig."

Besser für uns, in kleineren Kursen lässt es sich besser lernen und keiner bleibt auf der Strecke.

Abschlusswort

Schließlich seid ihr am Ende angelangt, liebe Leserinnen und Leser ,

Ich bedanke mich für euer Durchhaltevermögen und das Interesse, welches euch zum Kauf dieses Buchs verleitet hat. Die folgenden Worte richten sich an meine „Anhängerschaft", die micht seit Anfang an auf den sozialen Medien verfolgt hat, aber vorallem an diejenigen mit schierer Neugier ohne mit mir vorher Bekanntschaft geschlossen zu haben.

Mit großem Enthusiasmus habe ich vor einigen Monaten mit den ersten Entwürfen dieses Buches begonnen, den simplen Rohversionen. Habe diese mindestens zehnmal überarbeitet, gekürzt, gestrichen und umgeschrieben, bis ich einigermaßen zufrieden war. Viele Köpfe haben sich dann in der Zeit bis zur Veröffentlichung der Ausarbeitung gewidmet. Die kreativen Einfälle und Ideen sprudelten nur so aus mir heraus, es mangelte nie an Material, aber das Zusammentragen der vielen Gedanken und das Überführen in eigenständige Kapitel war eine Herausforderung ganz für sich. Seit meiner Kindheit war ich die Leseratte schlecht hin, habe Bücher für Bücher durchgelesen. Ohne Literaturstudium oder etwas in der Art habe ich also mein über die Norm ragenden Wortschatz dem bloßen Lesen zu verdanken. Dennoch ist es für einen „Laien" schwierig, in seinen Sätzen für Abwechslung zu sorgen. Ich entschuldige mich also hiermit nachwirkend für jegliche undeutliche Ausführungen und „Schwammigkeiten".

Der Inhalt einzelner Kapitel, die reale Persönlichkeiten und Geschehnisse aus der Antike aufgreifen, ist bewusst ohne Fakten oder Zahlen dargestellt. Mir lag es nämlich daran, meine persönliche Sicht auf diese Themen zu zeigen und deren Nutzen vorzuheben – einfacher gesagt, was wir daraus lernen können. Ebenso habe ich versucht, die Grammatik auf das Wesentliche zu reduzieren, denn von reinen Grammatikheften gibt es schon genug.

Meine ursprüngliche Idee eines Workbooks wandelte ich im Verlauf des Schreibens um und ich fand großen Gefallen am Formulieren von sachbezogenen Texten, zumal es fast eine unzumutbare Aufgabe ist, unzählige Seiten mit selbst verfassten lateinischen Übersetzungstexten zu füllen. Wie ihr wisst arbeiten wir im Lateinunterricht vorwiegend auf deutsch, wir übersetzen die Texte ins Deutsche, was sich in vielen Fällen schon als Schwierigkeit entpuppt.
Ihr könnt euch also garnicht vorstellen, wie lange eine Einzelperson am Verfassen grammatikalisch korrekter lateinischen Texte dransitzt. Ach wie gerne hätte ich die Fähigkeit, fließend Latein sprechen zu können oder wenigstens die Möglichkeit gehabt, einen waschechten Römer um Rat zu fragen. Genug von meinem Gejammer, kommen wir zur Selbstreflektion. Was habe ich beim Verfassen dieses Buches gelernt? Welche Fehler habe ich gemacht? Wie bin ich mit Schwierigkeiten umgegangen?

Gelernt habe ich vor allen Dingen, dass ich mich bei der Themenfindung auf mich selbst konzentrieren muss und was mir gefällt. Jeder hat einen anderen Geschmack und jeder wird immer etwas auszusetzen haben. Wir Menschen sind einfach nicht zufriedenzustellen. Ich kann mich zwar bemühen, so viele Leute mit meiner Idee anzusprechen wie möglich, indem ich mich an deren Interessen und Bedürfnisse anpasse, aber am Ende des Tages entschied ich mich dafür, was mir gefällt und was mich als Leser zum Weiterlesen animieren würde.

Vor allem für „Fachfremde" klingt mancher Inhalt des Buches vielleicht seltsam, ich selber habe es erlebt, als ich Personen im näheren Kreis einige Passagen vorgelesen habe. „Die Texte klingen zu gehoben, niemand spricht mehr so". Aber genau das war ja mein Ziel, wir wollen zurückreisen in eine Zeit, in der das Wort noch Bedeutung trug, in der die Männer von Klasse eine höhere Sprachkenntnis besaßen.
Den anfänglichen Fehler des Perfektionismus und der Angst, dass das Ganze ein Reinfall wird, habe ich also schwinden lassen. Auch die Vorstellung, sich an einen strikten Leitfaden halten zu müssen, habe ich ersetzt mit der Freiheit beim Schreiben. Da es mir überlassen war, was ich zu Papier bringe, habe ich dies auch genutzt und meinen Ideen freien Lauf gelassen. In vielen Aspekten betrachte ich dieses Buch auch als eine Art Tagebuch, da es mich durch einige Veränderungen in meinem Leben hindurch begleitet hat und ich die Themen oft aus meinem Alltag gegriffen habe beziehungsweise über was ich in der Zeit des öfteren rumphilosophiert habe.

Über meine Motivation und meinen Ehrgeiz, dieses Buch zur Vollendung zu bringen, kann ich nur sagen, dass der Verlauf einer Hügellandschaft glich. Zu Beginn wollte ich nichts lieber als Seite für Seite niederzuschreiben, danach folgte wochenlang ein Tief, in dem ich es kaum schaffte, Worte zu finden. Nachdem ich meine Leidenschaft für das Lesen wiederentdeckte und zum ersten Mal Bücher über die römische Geschichte las, fand ich erneut Inspiration und ein neues Hoch hatte begonnen. Ein großer Vorteil, den ich selbst realisiert habe, ist, das Buch nicht chronologisch zu schreiben, sondern hier und da mal etwas beizufügen. Ich gebe auch zu, dass ich gerade das Abschlusswort verfasse, obwohl mir noch Einiges an Hauptteil fehlt. Aber so bin ich, ich entscheide mich stetig um, ich ändere meine Meinung. So kam es auch, dass ich einzelne Kapitel rumgeschoben habe, mal stand es am Anfang, mal in der Mitte und mal war es ganz in der Zwischenablage. Für das Sahnehäubchen oben drauf hinterlasse ich eine Leseprobe für einen möglichen zukünftigen Roman. Die Geschichte soll in der Antike spielen.

Leseprobe

Moenia echitesiae, D*ie Wände der Echitesia*

„Die knöchernden Strukturen verschmelzen allmählich mit den Mineralien des Erdbodens. Die einst zärtliche Gestalt geht über in tiefgraues Gestein und wird eins mit der Gruft, die fortan ihren Namen trägt. Eine Legende besagt, die glitzernden Decken seien aus dem Teil ihres Körpers entsprungen, der mit silbernem Schmuck verziert war.
Mit diesem Schicksal endete eine Era von Intrigen und Machtspielchen. Von Verschwörung, Verbannung und zuletzt Verfluchung. Obwohl es schon über ein halbes Jahrhundert in der Vergangenheit liegt, wird die Totenruhe weiterhin entgegen des Gesetzes durch diese ganzen Schaulustigen gebrochen. Oh ja, verhöhnt wurde sie sogar von diesen Schurken, weil es ihr an Goldschmuck fehlte, was die hohen Decken weniger funkeln lasse. Einige wagten sich, mit ihren gierigen Händen nach Rissen im tiefen Gemauer zu tasten, in der Hoffnung, ein Stück loßreißen zu können, um es für ein paar Taler auf dem Forum zu verscherbeln.

Erst am letzten Gedenktag, am siebten des Ährenmonats, lauschte ich bei meinem wöchentlichen Rundgang einer Konversation von drei Männern. Der eine aus der Gruppe trug einen purpurfarbenen Umhang um seine schneeweiße Toga, welche offensichtlich von Frauenhand elegant über seine breite Schulter drapiert worden war. Die Hüfte wurde verdeckt von einem sonderbar bestickten ledernen Gürtel. Zu diesem Zeitpunkt war mir das Wappen noch unbekannt, zumal ich mit meinen Augen nur schwer das Symbol erkennen konnte. Zu meiner Erleichterung hilt mich diese Sippschaft nur für einen der schamlosen Rabauken, die tagtäglich durch die Öffnung der Höhle mit einem klimpernden Geldbeutel hindurchschwanden. Sie bereicherten sich an den Opfergaben der armen Pilger, die ihre letzten Ersparnisse hinter dem Opferaltar zusammenlegten.

Die beiden anderen Herren ähnelten sich in ihrem Aussehen und Verhalten. Sie waren beide mittleren Alters, trugen pechschwarze Locken und waren ihrem Partner im Unhang offensichtlich unterlegen. Auch trugen sie keine Bestickung auf der Kleidung, weshalb ich sie keiner Angehörigkeit zuordnen konnte. „Warum nahmen wir diesen langen Weg überhaupt auf uns? Der Stein ist keineswegs entzückend genug, um unser Vestibuel damit zu schmücken", sagte einer der Jünglige spöttisch mit nickender Zustimmung des anderen. „Diese grässlich stinkende Höhle sollte zugeschüttet werden oder noch besser", überlegte der gediegene Herr, „schicken wir die Gefangenen hierher ins selbstgemachte Exil! Bei diesem Anblick würden sie lieber den Selbstmord wählen bevor der Henker nur einen Finger rührt!" Höhnisch brachen die drei in Gelächter aus und ich hätte schwören können, dass sein Gesicht für einen Augenblick den Farbton des Umhangs annahm."

Lösungen

1. Auf dem Forum

Aurelius: "Hallo mein lieber Titus, wie war die Reise nach Rom?"

Titus: „Grüß dich, mein Freund! Wie schön ist es, dich endlich wiederzusehen. Die Reise war wie immer lang, aber dennoch angenehm."

Aurelius: „Lass uns gleich beginnen! Wir haben nicht mehr viel Zeit, bis es hier richtig los geht."

Titus: „Meinst du wegen der Rede?"

Aurelius: „So ist es. Die Rede findet am frühen Nachmittag statt, wenn die Sonne ihren höchsten Punkt erreicht hat. Bei so vielen Menschen wird es schwierig, einen guten Platz zu ergattern."

Titus: „Schön wäre es, den Redner aus der Nähe sehen zu können. Oft hört man in der letzten Reihe nur die Ausrufe."

Aurelius: „Wenn wir gerade dabei sind, hast du schon die neue Rednerbühne gesehen?"

2. A-Deklination:

Übung: Welche Substantive gehören zur a-Deklination? Streiche die Falschen durch!
Puella, ~~Amicus~~, ~~Domum, amor,~~ flamma, aqua, audacia, ~~auxilium~~, corpus

Aufgabe 1:
Stamm von *Gloria*: *Glori-*

	Singular	Plural
Nominativ	Gloria	Gloriae
Genitiv	Gloriae	Gloriarum
Dativ	Gloriae	Gloriis
Akkusativ	Gloriam	Glorias
Ablativ	Gloria	Gloriis

Aufgabe 2:
Verres ist hartnäckig... Er plädiert für unschuldig! Für jeden Kasus und Numerus, den du richtig erkennst, findet Cicero ein weiteres wichtiges Beweisstück, um gegen den Bösewicht vor Gericht vorzugehen...

	Kasus	Numerus
amicarum	Genitiv	Plural
servis	Dativ, Ablativ	Plural
lacrima	Nominativ, Ablativ	Singular
viae	Genitiv, Dativ; Nominativ	Singular; Plural
famis	Dativ, Ablativ	Plural
fugas	Akkusativ	Plural

Aufgabe 3:
Genitiv Plural von puella: Puellarum
Akkusativ Singular von amica: Amicam
Ablativ Plural von aqua: Aquis
Nominativ Plural von via: Viae

3. O-Deklination:
Übung 1: a- oder o-Deklination

causa = A-Deklination
dona = O-Deklination
femina = A-Deklination
vota = O-Deklination
dea = A-Deklination
templa = O-Deklination
flamma = A-Deklination
amica = A-Deklination
bona = O-Deklination
fora = O-Deklination

Caesar wurde 55 Jahre alt.

Übung 2:
Lucius und der Stammbaum
filiorum, filius, filio, filii, filiis, filium, filios

Akkusativ Singular, Akkusativ Plural, Nominativ Singular, Nominativ Plural, Genitiv Plural, Ablativ Singular, Ablativ Plural,

1. Filiorum: Genitiv Plural
2. Filius: Nominativ Singular
3. Filio: Ablativ Singular
4. Filii: Nominativ Plural
5. Filiis: Ablativ Plural
6. Filium: Akkusativ Singular
7. Filios: Akkusativ Plural

4. Konsonantische Deklination

Übung: Genitiv Singular oder Dativ/ Ablativ Plural?

1. verbis	>	verbum	>	Dativ/ Ablativ Plural
2. urbis	>	urbs	>	Genitiv Singular
3. terris	>	terra	>	Dativ/Ablativ Plural
4. cladis	>	clades	>	Genitiv Sinular

5. I-Deklination

Aufgabe:
Dekliniere das Substantiv *turris, turris (f.)* **= der Turm**

	Singular	Plural
Nominativ	turris	turres
Genitiv	turris	turrium
Dativ	turri	turribus
Akkusativ	turrim	turres
Ablativ	turri	turribus

6. U-Deklination

Aufgabe:
Dekliniere *portus, portus (m.)* **= der Hafen**

	Singular	Plural
Nominativ	portus	portus
Genitiv	portus	portuum
Dativ	portui	portibus
Akkusativ	portum	portus
Ablativ	portu	portibus

7. E-Deklination oder 3. Deklination?

Einzukreisen sind: *spes, spei; facies, faciei; fides, fidei*
Dank dir kann sich der Römer Aurelius mit den drei Sesterzen für drei ganze Tage mit Brot und Wein ausstatten!

8. KNG statt AMG

Übung 1: Probiere nun dein Glück!
Du darfst das Wörterbuch für dir unbekannte Wörter zur Hand nehmen.
Vinum bonum bibit equus Caesaris.

1. **Nenne das Prädikat und bestimme den Numerus!**
   bibit – 3. Person Singular von bibere

2. **Bestimme die Form equus (Kasus, Numerus, Genus)!**
   Nominativ Singular von *equus, equi mask.* (=das Pferd)

3. **Bestimme die Form vinum (Kasus, Numerus, Genus)!**
   Akkusativ Singular von *vinum, vini neutr.* (=der Wein)

4. **Entscheide: Was ist das Subjekt?**
   equus, das Pferd

5. **Entscheide: Was ist das Objekt?**
vinum, der gute Wein

6. **Welche Wörter gehören nach KNG- Kongruenz zusammen?**
bonum und vinum **(bonus, bona, bonum = Adjektiv)**

7. **Welche Zusatzinformation haben wir?**
Caesaris **(Genitiv Singular von Caesar = Das Pferd Caesars/von Caesar/ Caesars Pferd)**

Lösung: Das Pferd Caesars trinkt guten Wein

Übung 2: Wortschlange
Finde die lateinische Übersetzung. Achte auf die KNG-Kongruenz!
Barbarahonestumiustusmunuspatronusgens

1. Der gerechte Schutzherr = *iustus patronus*
2. Das fremde Volk = *barbara gens*
3. Das angesehene Amt = *honestum munus*

9. Die Geburtsstunde Roms/ Deklinationstraining

Aufgabe:

1) Faustulus, Romulus, Remus; Die Namen enden alle auf -us.
Sie gehören der O-Deklination an.

2. Wissenscheck: Vervollständige die Sätze
a) Faustus war ein alter Hirte.
b) Romulus und Remus waren Brüder.

3. Versuche ohne Wörterbuch zu übersetzen!
a) *Tiberis longus est.* = Der Tiber ist lang
b) *Faustulus fratres audit.* = Faustulus hört die Brüder.

Aufgabe 1:
Das Subjekt wurde fett markiert.

Aufgabe 2:
C) Wald, J) Schüler, E) Jagd, D) Jungen, B) Holz, A) Haus, H) Schwert, G) Sprache, L) Wort, I) Unterricht, F) Kampf, K) Waffen

Aufgabe 3:
Romulus und Remus leben im Haus von Faustulus.
Das Haus, welches aus Holz gebaut wurde, steht in einem schönen Wald.
Die Jungen erlernen zuerst die Jagd und den Kampf, danach die Sprache.
Schon am Anfang sieht Faustulus, dass Romulus das Schwert liebt.
Aber Remus ist äußerst klug und der beste Schüler in der Schule.
Er kämpft nicht mit Waffen, sondern mit Worten.

Erläuterung zum Übersetzungsvorschlag (Aufg. 3)
Romulus et Remus in domo Faustuli habitant.

Subjekt: *„Romulus et Remus"*
- Romulus und Remus

Prädikat: *„habitant"*
- 3. Person Plural (sie) von „habitare" (=wohnen)
- Bezieht sich auf das Subjekt „Romulus et Remus"
- *„Romulus und Remus wohnen..."*

Ablativ: *„in domo"*
- Ortsangabe: Ablativ des Ortes (loci)
- „im Haus"

Genitiv: *„Faustuli"*
- Genitiv des Besitzers (possesivus)
- Beantwortet die Frage nach „Wessen?"
- In wessen Haus leben Romulus und Remus? – *„im Haus des/von Faustulus"*

Domus, quae e ligno creabatur, in silva pulchra stat.

Hier macht es Sinn den Satz zunächst in Haupt- und Nebensatz einzuteilen. Der Nebensatz wird durch das Relativpronomen (hier quae) eingeleitet.

Hauptsatz:
Prädikat: *„stat"*
- Bezieht sich auf *„Domus"*
- 3. Person Singular Präsens Indikativ Aktiv von *„stare"*
- *„Er/ sie/ es steht"*

Ablativ: *„in silva pulchra"*
- Ortsangabe
- *„in"* als einleitende Präposition für den Ablativ
- „pulchra": Adjektiv, kng-kongruent zu *„silva"* (=der Wald)
- *„In einem schönen Wald"*

Nebensatz:
„Domus, quae e ligno creabatur. "

Subjekt: *„Domus"*
- *„Das Haus"*

Ablativ: *„e ligno"*
- Präposition „e" bekannt für die Eineitung von Ablativen
- Von lignum, -i (n.)
- *„aus Holz"*

Relativpronomen: *„quae"*
- Bezieht sich auf *„Domus"*, KNG-kongruent (Nominativ, Singular, Femininum)
- *„Welches"*

Prädikat: *„creabatur"*
- Bezieht sich auf das Subjekt *„Domus"*
- Von *creare, creo*
- 3. Person Singular, Indikativ, Imperfekt, Passiv
- *„Er/sie /es wurde gebaut."*

Pueri primum venationem et pugnam discunt, deinde linguam.

Subjekt: *„Pueri"*
- Nominativ Plural von *„puer"* (=Junge)
- *„Die Jungen (Romulus und Remus)"*

Prädikat: *„discunt"*
- Bezieht sich auf das Subjekt *„Pueri"*
- 3. Person Plural Indikativ Präsens von *discere* (=lernen)
- *„Sie lernen"*

Akkusativobjekte: *„venationem et pugnam", „linguam."*
- Akkusativ Singular von venatio (=Jagd) und pugna (=Kampf), lingua (=Sprache)
- „et" als Verbindungswort zwischen den beiden Akkusativen
- Antwort auf die Frage nach „Wen oder Was"
- *„...die Jagd und den Kampf, die Sprache"*

Adverbien: *„primum", „deinde"*
- Als Zeitangabe
- *„zuerst", „danach"*

Iam initio Faustulus videt Romulum gladium amare.

Subjekt: *„Faustulus"*

Prädikat: *„videt"*
- Bezieht sich auf das Subjekt *„Faustulus"*
- 3. Person Singular Indikativ Präsens von videre (sehen)
- *„Er/ sie/ es sieht"*

ACI: *„Romulum gladium amare."*
- *„Romulum"*: Akkusativ Singular von *Romulus*, wird zum Subjekt
- *„gladium"*: Akkusativ Singular von *gladius* (Das Schwert), Akkusativobjekt
- *„amare"*: Infinitiv (=lieben), wird zum Prädikat
- *„..., dass Romulus das Schwert liebt".*

Remus autem prudentissimus est et in schola optimus discipulus.

Subjekt: *„Remus"*

Prädikat: *„est"*

- Er/ sie/ es ist
- Hilfsverb zu den Prädikatsnomina

Prädikatsnomina: *„prudentissimus"* und *„optimus discipulus"*

- „Prudentissimus": höchste Steigerungsform ohne einen direkten Vergleich (äußerst klug)
- „optimus discipulus": *„der beste Schüler"*

Ablativ: „in schola"

- Als Ortsangabe
- *„in der Schule"*

Adverb: „autem"

- *„aber"*

Konjunktion: „et"
Verbindungsglied

- *„und"*

Non armis, sed verbis pugnat.

Prädikat: *„Pugnat"*

- 3. Person Singular Indikativ Präsens von pugnare (=kämpfen)
- Gleichtzeitig auch Subjekt (in der Endung)
- *„Er/ sie/ es kämpft"*

Ablativ: *„armis"* und *„verbis"*

- Ablativ der Art und Weise (modi)
- *„Mit Waffen, mit Worten"*

Adverb: *„Non"*

- Zur Verneinung
- *„nicht"*

Konjunktion: *„sed"*

- *„sondern"*

10. Grammatik

Aktiv und Passiv
Das Haus wurde aus Holz gebaut > Passiv
Faustulus baut eine Hütte aus Holz > Aktiv

Präsens
Übung 1:
amare= lieben

	Aktiv	Passiv
1. Person Singular	amo - ich liebe	amor - ich werde geliebt
2. Person Singular	amas - du liebst	amaris - du wirst geliebt
3. Person Singular	amat - er/sie/es liebt	amatur - er/sie/es wird geliebt
1. Person Plural	amamus - wir lieben	amamur - wir werden geliebt
2. Person Plural	amatis - ihr liebt	amamini - ihr werdet geliebt
3. Person Plural	amant - sie lieben	amantur - sie werden geliebt

Übung 2:
~~*facimus*~~*, audiris,* ~~*possunt*~~*, videtur, clamor,* ~~*clamo,*~~ ~~*audis*~~*,* ~~*do,*~~ *feruntur*

Imperfekt:
Übung 1:

	Aktiv	Passiv
1. Person Singular	amabam - ich liebte	amabar - ich wurde geliebt
2. Person Singular	amabas - du liebtest	amabaris -
3. Person Singular	amabat - er/sie/es liebte	amabatur -
1. Person Plural	amabamus - wir liebten	amabamur -
2. Person Plural	amabatis - ihr liebtet	amabamini -
3. Person Plural	amabant - sie liebten	amabantur -

Übung 2:
Das Haus, welches aus Holz gebaut wurde, steht in einem schönen Wald.

Der ACI
b) Remus liebt die Bücher

Faustulus sieht, dass **Romulus das Schwert liebt.**
Aber Remus ist **äußerst klug.**

a) Die beiden Jungen waren Kinder des Kriegsgottes Mars und der Priesterin Rhea Silvia.
~~b) Remus hat seinen Bruder im Kampf besiegt.~~
c) Rom wurde nach Romulus benannt, nachdem dieser Remus erschlagen hatte.
d) ~~Eine Bärin hat Romulus und Remus großgezogen~~.

11. Latein in der Zauberwelt

Übung 1:
Accio: accire = herbeirufen

Ascendio: ascendere = hinaufsteigen

Crucio: cruciare = quälen

Imperio: imperare = befehlen

Reparo: reparare = wiederherstellen

Protego: protegere = beschützen

Übung 2:
Eigener Zauberspruch
Zum Beispiel: memorare = erinnern > *"memoro"*
Diesen Zauberspruch könnte man verwenden, um verloren gegangene Erinnerungen aus der Vergangenheit wieder aufleben zu lassen.

Übung 3:
„Levicorpus" enthält die Wörter *levare* (=heben) und *corpus* (=Körper).
Dementsprechend könnte diese Zusammensetzung den Befehl des Hebens von Körpern ausdrücken.

12. Götterkunde

1 Lateinisch für „Haus"
2 Der erste Kaiser Roms
3 Genus von *amicus*
4 Infinitiv von *amo*
5 veni, vedi, ...
6 Lateinisch für „Mann"

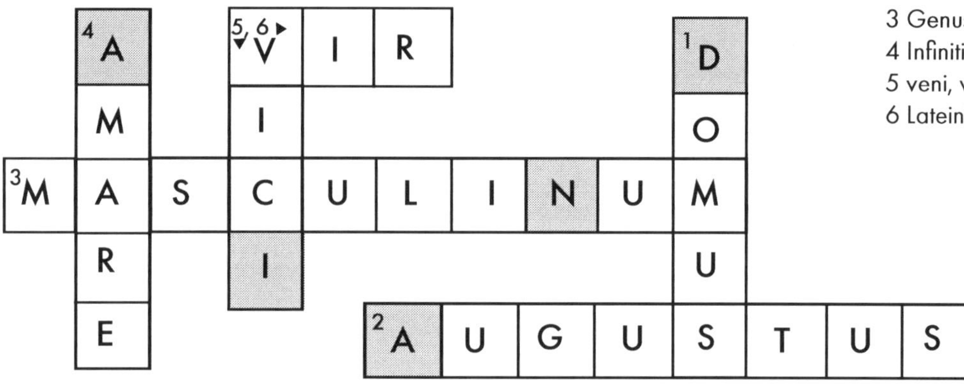

Lösung: Die Göttin heißt Diana

Berichtigung:

a) So wie die Griechen, haben die Römer an viele Götter geglaubt und Tempel gebaut.
b) Die Götter besaßen individuelle Eigenschaften und wurden durch Symbole / mit Symbolen dargestellt.
c) Juppiter war der König aller Götter.
d) Venus ist bekannt wegen ihrer großen Schönheit und der Liebe.

Übung zur Verinnerlichung der Stilmittel
Arbeite die rhetorischen Mittel aus dem Absatz raus!

Metapher:

„Die vierzehn Tage bis zu den Winterferien sind der letzte Marathon des Jahres"

- Auch „Endspurt" genannt. Natürlich handelt es sich nicht um einen klassischen Marathon, sondern steht bildlich für die letzte anspruchsvolle Hürde, die Valeria und ihre Mitschüler noch durchlaufen müssen, bevor das Schuljahr endet.

„Weihnachten rückt immer näher und auch die Temperaturen wandern in den Keller"

- Gleichzeitig auch eine Personifikation. Weihnachten wird zur Person gemacht, welche immer näher auf die Schüler zuläuft. Genauso die Temperaturen, die nun selbstständig mit eigenen Beinen und Füßen herumlaufen können. Das „in den Keller wandern" steht bildlich natürlich für die niedrigen Temperaturen der Winterzeit. So wie der Keller den untersten Abschnitt im Haus ausmacht, haben wir im Winter die niedrigsten Temperaturen, sogar im Minusbereich unter 0. Der Keller liegt vergleichsweise auch unter einer „Grenze" und zwar dem Erdboden.

Alliteration:

„Aber die Schüler sind es ein jedes Jahr aufs Neue gewöhnt."

- Die Wiederholung des Anfangsbuchstabens bei „jedes Jahr" unterstreicht die Normalität der Geschehnisse. Die Schüler sind in dem Punkt routiniert und kennen das Ganze schon seit Jahren.

Klimax:

„Die eisigen Temperaturen, das frühe Aufstehen, der Klausurenstress..."

- Hier erfolgt eine gewichtete Steigerung von etwas schlimm zu sehr schlimm.

Rhetorische Frage:

„Könnte man all dies nicht verhindern?"

- Rhetorische Fragen betonen den Sachverhalt und sprechen in der Regel für eine ganz klare Antwort. In diesem Falle nein. Es ist zwar eine unangenehme Zeit, trotzdem steht es uns Menschen leider nicht zu, das Wetter zu ändern oder alle Prüfungen abzuschaffen.

13. Prof. Dr. med. Lateinus

Abdomen, Axilla, Anus, Angina, Diabetes mellitus

1) *Caput* (Kopf)
2) *Digitus* (Finger)
3) *Manus* (Hand)
4) *Oculus* (Auge)
5) *Nasus* (Nase)
6) *Labia* (Lippe)
7) *Pes* (Fuß)
8) *Capillus* (Haar)
9) *Auris* (Ohr)
10) *Crus* (Bein)

Haftungsausschluss

Dieses Buch enthält Meinungen und Ideen des Autors und hat die Absicht, Menschen hilfreiches und informatives Wissen zu vermitteln. Die enthaltenen Strategien passen möglicherweise nicht zu jedem Leser, und es gibt keine Garantie dafür, dass sie auch wirklich bei jedem funktionieren. Die Benutzung dieses Buchs und die Umsetzung der darin enthaltenden Informationen erfolgt ausdrücklich auf eigenes Risiko. Haftungsansprüche gegen den Autor für Schäden materieller oder ideeller Art, die durch die Nutzung oder Nichtnutzung der Informationen bzw. durch die Nutzung fehlerhafter und/oder unvollständiger Informationen verursacht wurden, sind ausdrücklich ausgeschlossen. Das Werk, inklusive aller Inhalte, gewährt keine Garantie oder Gewähr für Aktualität, Korrektheit, Vollständigkeit und Qualität der bereitgestellten Informationen. Druckfehler und Fehlinformationen können nicht vollständig ausgeschlossen werden.

Impressum

Maya Brack wird vertreten durch:

Verlagshaus Stopfer
Daniel Stopfer
Gutleutstraße 57
60329 Frankfurt am Main

Lektorat und Korrektorat: Oliver Erhorn
Umschlaggestaltung: Denise Gahn
Layout & Gestaltung: Annabel Reinmann
ISBN Print: 978-3-910258-20-4

www.verlagshaus-stopfer.de

Solltest du Fragen, Kritik oder Anregungen haben, freuen wir uns jederzeit über deine Nachricht! Schreibe hierzu einfach eine Mail an: info@verlagshaus-stopfer.de